宪法及相关法学习
百问百答

中国法治出版社

宣誓誓词

我宣誓：忠于中华人民共和国宪法，
维护宪法权威，履行法定职责，
忠于祖国、忠于人民，
恪尽职守、廉洁奉公，接受人民监督，
为建设富强民主文明和谐美丽的
社会主义现代化强国努力奋斗！

目　录

序　言

1. 我国宪法的地位和法律效力是什么? ……… 1
2. 我国现行宪法经历了几次修正? ……… 1
3. 国家的根本任务是什么? ……… 2
4. 宪法的指导思想有哪些? ……… 3
5. 爱国统一战线的组成部分包括哪些? ……… 3
6. 我国社会主义民族关系是怎样的? 如何维护民族团结? ……… 4
7. 我国的基本外交政策是什么? ……… 4
8. 我国国家宪法日是哪一天? ……… 5

第一章　总　纲

9. 我国的国家性质是什么? ……… 6

10. 我国的根本制度是什么？ …………… 6
11. 人民行使国家权力的机关是什么？ ……… 6
12. 国家机构如何实行民主集中制原则？ …… 7
13. 我国的基本民族政策是怎样的？ ………… 7
14. 关于依法治国，宪法是如何规定的？ …… 8
15. 改变或者撤销法律、行政法规、地方性法规、自治条例和单行条例、规章的权限是怎样的？ ……………… 9
16. 我国的社会主义经济制度的基础是什么？ … 10
17. 国家在社会主义初级阶段坚持的基本经济制度和分配制度是什么？ ………… 11
18. 国有经济在我国国民经济中的地位是怎样的？ ………………………………… 11
19. 我国的集体经济包括哪些？ ……………… 11
20. 宪法对自然资源的所有权是如何规定的？ ……………………………………… 12
21. 宪法对土地的所有权、征收、征用、转让、使用是如何规定的？ …………… 13

22. 非公有制经济在我国国民经济中的地位是怎样的? …… 13
23. 宪法如何保护公私财产? …… 14
24. 国家如何发展社会生产力和改善人民生活? …… 15
25. 我国实行怎样的经济体制? …… 15
26. 国有企业有自主经营权吗? …… 16
27. 集体经济组织如何进行经济活动? …… 16
28. 宪法关于外商在中国投资、进行经济合作是怎样规定的? …… 16
29. 国家如何发展社会主义的教育事业? …… 17
30. 我国义务教育制度的方针是什么? …… 18
31. 国家如何发展科学事业? …… 18
32. 国家如何发展医疗卫生事业和体育事业? …… 19
33. 国家如何发展文化事业? …… 19
34. 应当如何发挥知识分子的作用? …… 20
35. 如何加强社会主义精神文明建设? …… 20
36. 爱国主义教育的主要内容包括哪些? …… 21

37. 宪法关于保护环境有什么规定？ ………… 22
38. 什么是宪法宣誓制度？哪些人员在就职时需要进行宪法宣誓？ ………… 22
39. 宪法宣誓誓词的内容是什么？ ………… 23
40. 宪法宣誓仪式是怎样的？ ………… 23
41. 宪法对国家机关和国家工作人员作了怎样的规定？ ………… 24
42. 我国的行政区域是如何划分的？ ………… 25

第二章　公民的基本权利和义务

43. 宪法如何保障公民平等适用法律？ ………… 26
44. 公民的基本权利有哪些？ ………… 26
45. 公民行使自由和权利有什么限制？ ………… 27
46. 公民的基本义务有哪些？ ………… 28
47. 什么是选举权和被选举权？ ………… 28
48. 在我国，哪些人享有选举权和被选举权？ ………… 29
49. 我国选举权和被选举权具有广泛性是如何体现的？ ………… 29

50. 我国选举权和被选举权具有平等性是如何体现的? ……………… 30
51. 关于宗教信仰自由,宪法是如何规定的? ……………… 31
52. 宪法如何保障公民的人身自由? ………… 32
53. 非法拘禁或者非法搜查他人身体,应当承担什么法律责任? ……………… 32
54. 宪法如何保障公民的人格尊严? 34
55. 什么是人格权? ……………… 34
56. 人格权受到侵害的,受害人可以请求侵权人承担什么民事责任? ……… 35
57. 侮辱、诽谤他人的,应当承担什么行政和刑事责任? ……………… 35
58. 捏造事实诬告陷害他人,意图使他人受刑事追究或者受到治安管理处罚的,应当承担什么行政和刑事责任? ……………… 36
59. 宪法如何保障公民的住宅不受侵犯? …… 37

60. 非法搜查他人住宅，或者非法侵入他人住宅的，应当承担什么行政和刑事责任？ ………………… 37

61. 宪法如何保障公民的通信自由和通信秘密？ ……………………………… 38

62. 侵犯公民通信自由权利、侵犯他人快件的，应当承担什么行政和刑事责任？ …… 39

63. 邮政工作人员私自开拆或者隐匿、毁弃邮件、电报的，应当承担什么刑事责任？ ……………………………………… 39

64. 宪法如何保障公民的批评、建议和申诉、控告、检举等监督权利？ ………… 40

65. 行政机关及其工作人员在行使行政职权时有哪些侵犯人身权情形的，受害人有取得赔偿的权利？ ……………… 41

66. 行政机关及其工作人员在行使行政职权时有哪些侵犯财产权情形的，受害人有取得赔偿的权利？ ……………… 42

67. 关于公民劳动的权利和义务，宪法是如何规定的？ ……………………… 42

68. 宪法如何保障劳动者休息的权利? ……… 43
69. 我国实行怎样的工时制度? ……………… 43
70. 什么情况下,用人单位可以延长工作时间? ………………………………… 44
71. 安排劳动者延长工作时间,或者在休息日、法定休假日安排劳动者工作的,用人单位应当如何支付工资报酬? ……… 45
72. 公民在哪些情况下有从国家和社会获得物质帮助的权利? ………………… 46
73. 关于公民受教育的权利和义务,宪法是如何规定的? ……………………… 47
74. 宪法如何保障公民的文化自由? ……… 47
75. 宪法如何保障妇女的权益? …………… 47
76. 宪法如何保障老人和儿童的权益? …… 48

第三章 国家机构

77. 我国的国家机构有哪些? ……………… 49
78. 全国人民代表大会的性质和地位是什么? ………………………………… 49

79. 全国人民代表大会由哪些代表组成? …… 50
80. 全国人民代表大会代表的名额是如何分配的? …… 50
81. 全国人民代表大会及其常务委员会每届任期为几年? …… 51
82. 全国人民代表大会会议多久举行一次?如何召集? …… 52
83. 全国人民代表大会行使哪些职权? …… 53
84. 修改宪法需要多少比例的代表提议、通过? …… 54
85. 全国人民代表大会常务委员会由哪些人员组成?其组成人员任职有什么限制? …… 55
86. 全国人民代表大会常务委员会行使哪些职权? …… 55
87. 全国人民代表大会常务委员会委员长和委员长会议有哪些工作职责? …… 58
88. 全国人民代表大会常务委员会对什么机构负责并报告工作? …… 58

89. 全国人民代表大会设有哪些专门委员会？如何开展工作？ ………… 59
90. 全国人民代表大会代表、全国人民代表大会常务委员会组成人员依法可以行使哪些职权？ ………… 60
91. 宪法如何保障全国人民代表大会代表依法行使职权？ ………… 61
92. 中华人民共和国主席的职权有哪些？ …… 61
93. 中华人民共和国副主席的职权有哪些？ …… 62
94. 国务院的性质和地位是什么？ ………… 63
95. 国务院由哪些人员组成？其任期是如何规定的？ ………… 63
96. 什么是总理负责制？ ………… 64
97. 国务院所属各部、各委员会实行怎样的领导体制？ ………… 64
98. 国务院的会议制度是怎样的？ ………… 64
99. 国务院行使哪些职权？ ………… 65
100. 国务院所属的审计机关的性质和地位是什么？ ………… 67

101. 国务院对什么机构负责并报告工作？ ··· 67
102. 中央军事委员会由哪些人员组成？其任期是如何规定的？ ················ 68
103. 地方各级人民代表大会的性质和地位是什么？ ················ 68
104. 地方各级人民代表大会是如何组成的？其任期是如何规定的？ ················ 69
105. 地方各级人民代表大会的代表名额是怎样确定的？ ················ 69
106. 地方各级人民代表大会行使哪些职权？ ····· 71
107. 哪些主体有权制定地方性法规？有哪些限制条件？ ················ 72
108. 地方各级人民代表大会有权选举和罢免哪些人员？ ················ 72
109. 全国人民代表大会和地方各级人民代表大会代表享有哪些权利？ ·········· 73
110. 全国人民代表大会和地方各级人民代表大会代表应当履行哪些义务？ ······ 74

111. 如何对全国人民代表大会和地方各级人民代表大会代表进行监督? ………… 76

112. 县级以上的地方各级人民代表大会常务委员会由哪些人员组成? 如何产生? ………… 77

113. 县级以上的地方各级人民代表大会常务委员会行使哪些职权? ………… 77

114. 地方各级人民政府的性质和地位是什么? ………… 78

115. 地方各级人民政府实行怎样的领导体制? 其任期是如何规定的? ………… 78

116. 地方各级人民政府的职权有哪些? ………… 79

117. 地方各级人民政府对什么机构负责并报告工作? ………… 80

118. 什么是基层群众性自治组织? ………… 80

119. 基层群众性自治组织与基层政权是什么关系? ………… 81

120. 居民委员会由哪些人员组成? ………… 81

121. 村民委员会由哪些人员组成? ………… 82

122. 居民委员会、村民委员会的职责主要有哪些? ………… 82

123. 民族自治地方的自治机关具体指什么?其组成人员有什么特殊要求? …… 83

124. 民族自治地方的自治机关可以行使哪些自治权? ………… 83

125. 监察委员会的性质和任务是什么? …… 85

126. 监察委员会的组织体系与领导体制是什么? ………… 86

127. 监察委员会由哪些人员组成?监察委员会主任的任期是如何规定的? …… 86

128. 监察委员会履行哪些职责? ………… 87

129. 监察机关对哪些人员进行监察? …… 87

130. 各级监察委员会对什么机构负责? …… 88

131. 监察委员会如何行使监察权?其与审判机关、检察机关、执法部门的关系是怎样的? ………… 89

132. 人民法院和人民检察院的性质是什么? … 89

133. 人民检察院行使哪些职权? ………… 89

134. 人民法院、人民检察院行使审判权、检察权有什么特点？其与公安机关的关系是怎样的？ ……… 90

135. 人民法院的组织体系是什么？人民法院体系内上下级的关系是怎样的？ … 91

136. 人民检察院的组织体系是什么？人民检察院体系内上下级的关系是怎样的？ ……… 92

137. 人民法院和人民检察院对什么机构负责？ ……… 93

第四章　国旗、国歌、国徽、首都

138. 宪法对国旗、国歌、国徽、首都是如何规定的？ ……… 94

139. 中华人民共和国国旗、国歌、国徽的象征意义是什么？ ……… 94

140. 哪些场所或者机构所在地应当每日升挂国旗？ ……… 95

141. 什么情形下，下半旗志哀？ ……… 96

142. 国旗及其图案不得用于哪些场合? ······ 96
143. 哪些机构和场所应当悬挂国徽? ········ 97
144. 国徽及其图案不得用于哪些场合? ······ 98
145. 侮辱国旗、国徽的,有什么法律后果? ··· 98
146. 中华人民共和国国歌是谁创作的?何时被确立为国歌? ················ 99
147. 哪些场合应当奏唱国歌? ·············· 100
148. 国歌不得用于哪些场合? ·············· 100
149. 故意篡改国歌歌词、曲谱的,有什么法律后果? ························ 101

附 录

中华人民共和国宪法 ················ 102
　(2018 年 3 月 11 日)

序　言

1. 我国宪法的地位和法律效力是什么？

宪法以法律的形式确认了中国各族人民奋斗的成果，规定了国家的根本制度和根本任务，是国家的根本法，具有最高的法律效力。全国各族人民、一切国家机关和武装力量、各政党和各社会团体、各企业事业组织，都必须以宪法为根本的活动准则，并且负有维护宪法尊严、保证宪法实施的职责。

2. 我国现行宪法经历了几次修正？

我国现行宪法于 1982 年 12 月 4 日由第五届全国人民代表大会第五次会议通过并公布施行，全国人民代表大会于 1988 年、1993 年、1999 年、2004 年、2018 年先后五次对 1982 年宪法的个别条款和部分内容作出修正,共通过了五十二条宪法修正案。

3. 国家的根本任务是什么?

国家的根本任务是,沿着中国特色社会主义道路,集中力量进行社会主义现代化建设。中国各族人民将继续在中国共产党领导下,在马克思列宁主义、毛泽东思想、邓小平理论、"三个代表"重要思想、科学发展观、习近平新时代中国特色社会主义思想指引下,坚持人民民主专政,坚持社会主义道路,坚持改革开放,不断完善社会主义的各项制度,发展社会主义市场经济,发展社会主义民主,健全社会主义法治,贯彻新发展理念,自力更生,艰苦奋斗,逐步实现工业、农业、国防和科学技术的现代化,推动物质文明、政治文明、精神文明、社会文明、生态文明协调发展,把我国建设成为富强民主文明和谐美丽的社会主义现代化强国,实现中华民族伟大复兴。

4. 宪法的指导思想有哪些？

2018年《宪法修正案》①将科学发展观、习近平新时代中国特色社会主义思想写入宪法序言第七自然段。马克思列宁主义、毛泽东思想、邓小平理论、"三个代表"重要思想、科学发展观、习近平新时代中国特色社会主义思想是现行宪法的指导思想。

5. 爱国统一战线的组成部分包括哪些？

社会主义的建设事业必须依靠工人、农民和知识分子，团结一切可以团结的力量。在长期的革命、建设、改革过程中，已经结成由中国共产党领导的，有各民主党派和各人民团体参加的，包括全体社会主义劳动者、社会主义事业的建设者、拥护社会主义的爱国者、拥护祖国统一和致力于中华民族伟大复兴的爱国者

---

① 为便于阅读，本书中法律法规文件名称中的"中华人民共和国"字样均予以省略。

的广泛的爱国统一战线，这个统一战线将继续巩固和发展。

6. 我国社会主义民族关系是怎样的？如何维护民族团结？

中华人民共和国是全国各族人民共同缔造的统一的多民族国家。平等团结互助和谐的社会主义民族关系已经确立，并将继续加强。在维护民族团结的斗争中，要反对大民族主义，主要是大汉族主义，也要反对地方民族主义。国家尽一切努力，促进全国各民族的共同繁荣。

7. 我国的基本外交政策是什么？

中国坚持独立自主的对外政策，坚持互相尊重主权和领土完整、互不侵犯、互不干涉内政、平等互利、和平共处的五项原则，坚持和平发展道路，坚持互利共赢开放战略，发展同各国的外交关系和经济、文化交流，推动构建人类命运共同体；坚持反对帝国主义、霸权主义、殖民主义，加强同世界各国人民的团结，支持被压迫民族和发展中国家争取和维护民族独立、发展民族经济的正义斗争，为维护世界和平和促进人类进步事业而努力。

8. 我国国家宪法日是哪一天？

为了增强全社会的宪法意识，弘扬宪法精神，加强宪法实施，全面推进依法治国，第十二届全国人民代表大会常务委员会第十一次会议决定：将12月4日设立为国家宪法日。

第一章　总　纲

9. 我国的国家性质是什么？

《宪法》第一条第一款规定，中华人民共和国是工人阶级领导的、以工农联盟为基础的人民民主专政的社会主义国家。

10. 我国的根本制度是什么？

《宪法》第一条第二款规定，社会主义制度是中华人民共和国的根本制度。中国共产党领导是中国特色社会主义最本质的特征。禁止任何组织或者个人破坏社会主义制度。

11. 人民行使国家权力的机关是什么？

《宪法》第二条规定，中华人民共和国的一切权力属于人民。人民行使国家权力的机关是全国人民代表大会和地方各级人民代表大会。人民依照法律规定，通过各种途径和形式，管理国家事务，管理经济和文化事业，管理社会事务。

12. 国家机构如何实行民主集中制原则？

《宪法》第三条规定，中华人民共和国的国家机构实行民主集中制的原则。全国人民代表大会和地方各级人民代表大会都由民主选举产生，对人民负责，受人民监督。国家行政机关、监察机关、审判机关、检察机关都由人民代表大会产生，对它负责，受它监督。中央和地方的国家机构职权的划分，遵循在中央的统一领导下，充分发挥地方的主动性、积极性的原则。

13. 我国的基本民族政策是怎样的？

《宪法》第四条规定了我国的基本民族政策——各民族一律平等。国家保障各少数民族的合法的权利和利益,维护和发展各民族的平等团结互助和谐关系。禁止对任何民族的歧视和压迫,禁止破坏民族团结和制造民族分裂的行为。国家根据各少数民族的特点和需要,帮助各少数民族地区加速经济和文化的发展。各少数民族聚居的地方实行区域自治,设立自治机关,行使自治权。各民族自治地方都是中华人民共和国不可分离的部分。各民族都有使用和发展自己的语言文字的自由,都有保持或者改革自己的风俗习惯的自由。

14. 关于依法治国,宪法是如何规定的?

《宪法》第五条规定,中华人民共和国实行依法治国,建设社会主义法治国家。国家维护社会主义法制的统一和尊严。一切法律、行政法规和地方性法规都不得同宪法相抵触。一切国家机关和武装力量、各政党和各社会团体、各企业事业组织都必须遵守宪法和法律。一切违反宪法和法律的行为,必须予以追究。任何组织或者个人都不得有超越宪法和法律的特权。

15. 改变或者撤销法律、行政法规、地方性法规、自治条例和单行条例、规章的权限是怎样的？

《立法法》第一百零八条规定，改变或者撤销法律、行政法规、地方性法规、自治条例和单行条例、规章的权限是：

（1）全国人民代表大会有权改变或者撤销它的常务委员会制定的不适当的法律，有权撤销全国人民代表大会常务委员会批准的违背宪法和《立法法》第八十五条第二款规定的自治条例和单行条例；

（2）全国人民代表大会常务委员会有权撤销同宪法和法律相抵触的行政法规，有权撤销同宪法、法律和行政法规相抵触的地方性法规，有权撤销省、自治区、直辖市的人民代表大会常务委员会批准的违背宪法和《立法法》第八十五条第二款规定的自治条例和单行条例；

（3）国务院有权改变或者撤销不适当的部门规章和地方政府规章；

（4）省、自治区、直辖市的人民代表大会有权改变或者撤销它的常务委员会制定的和批准的不适当的地方性法规；

（5）地方人民代表大会常务委员会有权撤销本级人民政府制定的不适当的规章；

（6）省、自治区的人民政府有权改变或者撤销下一级人民政府制定的不适当的规章；

（7）授权机关有权撤销被授权机关制定的超越授权范围或者违背授权目的的法规，必要时可以撤销授权。

16. 我国的社会主义经济制度的基础是什么？

《宪法》第六条第一款规定，中华人民共和国的社会主义经济制度的基础是生产资料的社会主义公有制，即全民所有制和劳动群众集体所有制。社会主义公有制消灭人剥削人的制度，实行各尽所能、按劳分配的原则。

17. 国家在社会主义初级阶段坚持的基本经济制度和分配制度是什么？

根据《宪法》第六条第二款规定，国家在社会主义初级阶段，坚持公有制为主体、多种所有制经济共同发展的基本经济制度，坚持按劳分配为主体、多种分配方式并存的分配制度。

18. 国有经济在我国国民经济中的地位是怎样的？

《宪法》第七条规定，国有经济，即社会主义全民所有制经济，是国民经济中的主导力量。国家保障国有经济的巩固和发展。

19. 我国的集体经济包括哪些？

《宪法》第八条规定，农村集体经济组织

实行家庭承包经营为基础、统分结合的双层经营体制。农村中的生产、供销、信用、消费等各种形式的合作经济,是社会主义劳动群众集体所有制经济。参加农村集体经济组织的劳动者,有权在法律规定的范围内经营自留地、自留山、家庭副业和饲养自留畜。

城镇中的手工业、工业、建筑业、运输业、商业、服务业等行业的各种形式的合作经济,都是社会主义劳动群众集体所有制经济。

国家保护城乡集体经济组织的合法的权利和利益,鼓励、指导和帮助集体经济的发展。

20. 宪法对自然资源的所有权是如何规定的?

《宪法》第九条规定,矿藏、水流、森林、山岭、草原、荒地、滩涂等自然资源,都属于国家所有,即全民所有;由法律规定属于集体所有的森林和山岭、草原、荒地、滩涂除外。国家保障自然资源的合理利用,保护珍贵的动物和植物。禁止任何组织或者个人用任何手段侵占或者破坏自然资源。

21. 宪法对土地的所有权、征收、征用、转让、使用是如何规定的？

《宪法》第十条规定，城市的土地属于国家所有。农村和城市郊区的土地，除由法律规定属于国家所有的以外，属于集体所有；宅基地和自留地、自留山，也属于集体所有。国家为了公共利益的需要，可以依照法律规定对土地实行征收或者征用并给予补偿。任何组织或者个人不得侵占、买卖或者以其他形式非法转让土地。土地的使用权可以依照法律的规定转让。一切使用土地的组织和个人必须合理地利用土地。

22. 非公有制经济在我国国民经济中的地位是怎样的？

《宪法》第十一条规定，在法律规定范围

内的个体经济、私营经济等非公有制经济，是社会主义市场经济的重要组成部分。国家保护个体经济、私营经济等非公有制经济的合法的权利和利益。国家鼓励、支持和引导非公有制经济的发展，并对非公有制经济依法实行监督和管理。

23. 宪法如何保护公私财产？

《宪法》第十二条规定，社会主义的公共财产神圣不可侵犯。国家保护社会主义的公共财产。禁止任何组织或者个人用任何手段侵占或者破坏国家的和集体的财产。

第十三条规定，公民的合法的私有财产不受侵犯。国家依照法律规定保护公民的私有财产权和继承权。国家为了公共利益的需要，可以依照法律规定对公民的私有财产实行征收或者征用并给予补偿。

24. 国家如何发展社会生产力和改善人民生活？

《宪法》第十四条规定，国家通过提高劳动者的积极性和技术水平，推广先进的科学技术，完善经济管理体制和企业经营管理制度，实行各种形式的社会主义责任制，改进劳动组织，以不断提高劳动生产率和经济效益，发展社会生产力。国家厉行节约，反对浪费。国家合理安排积累和消费，兼顾国家、集体和个人的利益，在发展生产的基础上，逐步改善人民的物质生活和文化生活。国家建立健全同经济发展水平相适应的社会保障制度。

25. 我国实行怎样的经济体制？

《宪法》第十五条规定，国家实行社会主义市场经济。国家加强经济立法，完善宏观调控。国家依法禁止任何组织或者个人扰乱社会经济秩序。

26. 国有企业有自主经营权吗？

《宪法》第十六条规定，国有企业在法律规定的范围内有权自主经营。国有企业依照法律规定，通过职工代表大会和其他形式，实行民主管理。

27. 集体经济组织如何进行经济活动？

《宪法》第十七条规定，集体经济组织在遵守有关法律的前提下，有独立进行经济活动的自主权。集体经济组织实行民主管理，依照法律规定选举和罢免管理人员，决定经营管理的重大问题。

28. 宪法关于外商在中国投资、进行经济合作是怎样规定的？

《宪法》第十八条规定，中华人民共和国允许外国的企业和其他经济组织或者个人依照中华人民共和国法律的规定在中国投资，同中国的企业或者其他经济组织进行各种形式的经济合作。在中国境内的外国企业和其他外国经济组织以及中外合资经营的企业，都必须遵守中华人民共和国的法律。它们的合法的权利和利益受中华人民共和国法律的保护。

29. 国家如何发展社会主义的教育事业？

《宪法》第十九条规定，国家发展社会主义的教育事业，提高全国人民的科学文化水平。国家举办各种学校，普及初等义务教育，发展中等教育、职业教育和高等教育，并且发展学前教育。国家发展各种教育设施，扫除文盲，对工人、农民、国家工作人员和其他劳动者进行政治、文化、科学、技术、业务的教育，鼓励自学成才。国家鼓励集体经济组织、国家企业事业组织和其他社会力量依照法律规定举办各种教育事业。国家推广全国通用的普通话。

30. 我国义务教育制度的方针是什么？

《义务教育法》第二条规定，国家实行九年义务教育制度。义务教育是国家统一实施的所有适龄儿童、少年必须接受的教育，是国家必须予以保障的公益性事业。实施义务教育，不收学费、杂费。国家建立义务教育经费保障机制，保证义务教育制度实施。第三条规定，义务教育必须贯彻国家的教育方针，实施素质教育，提高教育质量，使适龄儿童、少年在品德、智力、体质等方面全面发展，为培养有理想、有道德、有文化、有纪律的社会主义建设者和接班人奠定基础。

31. 国家如何发展科学事业？

《宪法》第二十条规定，国家发展自然科学和社会科学事业，普及科学和技术知识，奖励科学研究成果和技术发明创造。

32. 国家如何发展医疗卫生事业和体育事业?

《宪法》第二十一条规定,国家发展医疗卫生事业,发展现代医药和我国传统医药,鼓励和支持农村集体经济组织、国家企业事业组织和街道组织举办各种医疗卫生设施,开展群众性的卫生活动,保护人民健康。国家发展体育事业,开展群众性的体育活动,增强人民体质。

33. 国家如何发展文化事业?

《宪法》第二十二条规定,国家发展为人民服务、为社会主义服务的文学艺术事业、新闻广播电视事业、出版发行事业、图书馆博物馆文化馆和其他文化事业,开展群众性的文化活动。国家保护名胜古迹、珍贵文物和其他重要历史文化遗产。

34. 应当如何发挥知识分子的作用？

《宪法》序言指出，社会主义的建设事业必须依靠工人、农民和知识分子，团结一切可以团结的力量。《宪法》第二十三条规定，国家培养为社会主义服务的各种专业人才，扩大知识分子的队伍，创造条件，充分发挥他们在社会主义现代化建设中的作用。

35. 如何加强社会主义精神文明建设？

《宪法》第二十四条规定，国家通过普及理想教育、道德教育、文化教育、纪律和法制教育，通过在城乡不同范围的群众中制定和执行各种守则、公约，加强社会主义精神文明的建设。国家倡导社会主义核心价值观，提倡爱祖国、爱人民、爱劳动、爱科学、爱社会主义的公德，在人民中进行爱国主义、集体主义和国际主义、共产主义的教育，进行辩证唯物主义和历史唯物主义的教育，反对资本主义的、封建主义的和其他的腐朽思想。

36. 爱国主义教育的主要内容包括哪些？

根据《爱国主义教育法》第六条规定，爱国主义教育的主要内容是：

(1) 马克思列宁主义、毛泽东思想、邓小平理论、"三个代表"重要思想、科学发展观、习近平新时代中国特色社会主义思想；

(2) 中国共产党史、新中国史、改革开放史、社会主义发展史、中华民族发展史；

(3) 中国特色社会主义制度，中国共产党带领人民团结奋斗的重大成就、历史经验和生动实践；

(4) 中华优秀传统文化、革命文化、社会主义先进文化；

(5) 国旗、国歌、国徽等国家象征和标志；

(6) 祖国的壮美河山和历史文化遗产；

(7) 宪法和法律，国家统一和民族团结、国家安全和国防等方面的意识和观念；

（8）英雄烈士和先进模范人物的事迹及体现的民族精神、时代精神；

（9）其他富有爱国主义精神的内容。

37. 宪法关于保护环境有什么规定？

《宪法》第二十六条规定，国家保护和改善生活环境和生态环境，防治污染和其他公害。国家组织和鼓励植树造林，保护林木。

38. 什么是宪法宣誓制度？哪些人员在就职时需要进行宪法宣誓？

宪法宣誓制度是指国家公职人员在就职前，必须在公开举行的就职宣誓仪式上，宣誓拥护宪法的制度。《宪法》第二十七条第三款规定，国家工作人员就职时应当依照法律规定公开进行宪法宣誓。根据《全国人民代表大会常务委员会关于实行宪法宣誓制度的决定》，各级人民代表大会及县级以上各级人民代表大会常务委员会选举或者决定任命的国家工作人员，以及各级人民政府、监察委员会、人民法院、人民检察院任命的国家工作人员，在就职时应当公开进行宪法宣誓。

39. 宪法宣誓誓词的内容是什么？

根据《全国人民代表大会常务委员会关于实行宪法宣誓制度的决定》，宪法宣誓誓词为："我宣誓：忠于中华人民共和国宪法，维护宪法权威，履行法定职责，忠于祖国、忠于人民，恪尽职守、廉洁奉公，接受人民监督，为建设富强民主文明和谐美丽的社会主义现代化强国努力奋斗！"

40. 宪法宣誓仪式是怎样的？

《全国人民代表大会常务委员会关于实行宪法宣誓制度的决定》指出，宣誓仪式根据情况，可以采取单独宣誓或者集体宣誓的形式。单独宣誓时，宣誓人应当左手抚按《宪法》，右手举拳，诵读誓词。集体宣誓时，由一人领誓，领誓人左手抚按《宪法》，右手举拳，领诵誓词；其他宣誓人整齐排列，右手举拳，跟诵誓词。宣誓场所应当庄重、严肃，悬挂中华人民共和国国旗或者国徽。宣誓仪式应当奏唱中华人民共和国国歌。负责组织宣誓仪式的机关，可以根据本决定并结合实际情况，对宣誓的具体事项作出规定。

41. 宪法对国家机关和国家工作人员作了怎样的规定？

《宪法》第二十七条规定，一切国家机关实行精简的原则，实行工作责任制，实行工作人员的培训和考核制度，不断提高工作质量和工作效率，反对官僚主义。一切国家机关和国家工作人员必须依靠人民的支持，经常保持同人民的密切联系，倾听人民的意见和建议，接受人民的监督，努力为人民服务。国家工作人员就职时应当依照法律规定公开进行宪法宣誓。

42. 我国的行政区域是如何划分的？

《宪法》第三十条规定，中华人民共和国的行政区域划分如下：（1）全国分为省、自治区、直辖市；（2）省、自治区分为自治州、县、自治县、市；（3）县、自治县分为乡、民族乡、镇。直辖市和较大的市分为区、县。自治州分为县、自治县、市。自治区、自治州、自治县都是民族自治地方。

第三十一条规定，国家在必要时得设立特别行政区。在特别行政区内实行的制度按照具体情况由全国人民代表大会以法律规定。

第二章 公民的基本权利和义务

43. 宪法如何保障公民平等适用法律？

《宪法》第三十三条规定，凡具有中华人民共和国国籍的人都是中华人民共和国公民。中华人民共和国公民在法律面前一律平等。国家尊重和保障人权。任何公民享有宪法和法律规定的权利，同时必须履行宪法和法律规定的义务。

44. 公民的基本权利有哪些？

根据宪法规定，公民的基本权利包括：（1）平等权，即公民在法律面前一律平等。（2）政治权利和自由，即选举权和被选举权，言论、出版、集会、结社、游行、示威的自由。（3）宗教信仰自由。（4）人身权利，包括公民的人身自由和人格尊严不受侵犯，住宅不受侵犯，通信自由和通信秘密受法律保护。(5) 批评、建议、申诉、控告、检举权和获得赔偿权。(6) 经济、社会和文化权利，包括劳动权，休息权，退休人员生活保障权，在年老、疾病或者丧失劳动能力时获得物质帮助权，受教育权，进行科学研究、文学艺术创作和其他文化活动的自由。(8) 其他方面的权利。宪法除对所有公民应普遍享有的权利和自由作出规定外，还对特定群体作了专门规定，给予特别保护，主要是指保护妇女、未成年人、老年人、残疾人以及华侨、归侨、侨眷的合法权益等。

45. 公民行使自由和权利有什么限制？

《宪法》第五十一条规定，中华人民共和国公民在行使自由和权利的时候，不得损害国家的、社会的、集体的利益和其他公民的合法的自由和权利。

46. 公民的基本义务有哪些？

根据宪法规定，公民的基本义务主要包括：（1）维护国家统一和全国各民族团结；（2）遵守宪法和法律，保守国家秘密，爱护公共财产，遵守劳动纪律，遵守公共秩序，尊重社会公德；（3）维护祖国的安全、荣誉和利益；（4）依法服兵役和参加民兵组织；（5）依法纳税；（6）其他义务，包括劳动的义务、受教育的义务、夫妻双方实行计划生育的义务、父母抚养教育未成年子女的义务、成年子女赡养扶助父母的义务等。

47. 什么是选举权和被选举权？

选举权，是指公民享有的选举国家政权机关组成人员的权利。被选举权，是指公民享有的被选举为国家政权机关组成人员的权利。选举权和被选举权是公民的基本政治权利。

48. 在我国，哪些人享有选举权和被选举权？

《宪法》第三十四条规定，中华人民共和国年满十八周岁的公民，不分民族、种族、性别、职业、家庭出身、宗教信仰、教育程度、财产状况、居住期限，都有选举权和被选举权；但是依照法律被剥夺政治权利的人除外。

49. 我国选举权和被选举权具有广泛性是如何体现的？

根据宪法和《全国人民代表大会和地方各级人民代表大会选举法》规定，只要公民具备有中华人民共和国国籍、年满十八周岁、依法享有政治权利这三个条件，就有选举权和被选举权。此外，《全国人民代表大会和地方各级人民代表大会选举法》第七条规定，全国人民代表大会和地方各级人民代表大会的代表应当具有广泛的代表性，应当有适当数量的基层代表，特别是工人、农民和知识分子代表；应当有适当数量的妇女代表，并逐步提高妇女代表的比例。全国人民代表大会和归侨人数较多地区的地方人民代表大会，应当有适当名额的归侨代表。旅居国外的中华人民共和国公民在县级以下人民代表大会代表选举期间在国内的，可以参加原籍地或者出国前居住地的选举。

50. 我国选举权和被选举权具有平等性是如何体现的？

选举权和被选举权的平等性，是法律面前人人平等的宪法原则在选举中的体现。根据《宪法》第三十四条规定，我国依法享有政治权利的年满十八周岁的公民，不分民族、种族、性别、职业、家庭出身、宗教信仰、教育程度、财产状况、居住期限，都有选举权和被选举权，充分体现了选举权和被选举权的平等性。

《全国人民代表大会和地方各级人民代表

大会选举法》第五条规定，每一选民在一次选举中只有一个投票权。第十五条第一款规定，地方各级人民代表大会代表名额，由本级人民代表大会常务委员会或者本级选举委员会根据本行政区域所辖的下一级各行政区域或者各选区的人口数，按照每一代表所代表的城乡人口数相同的原则，以及保证各地区、各民族、各方面都有适当数量代表的要求进行分配。在县、自治县的人民代表大会中，人口特少的乡、民族乡、镇，至少应有代表一人。可见，投票权相等。

51. 关于宗教信仰自由，宪法是如何规定的？

《宪法》第三十六条规定，中华人民共和国公民有宗教信仰自由。任何国家机关、社会团体和个人不得强制公民信仰宗教或者不信仰宗教，不得歧视信仰宗教的公民和不信仰宗教的公民。国家保护正常的宗教活动。任何人不得利用宗教进行破坏社会秩序、损害公民身体健康、妨碍国家教育制度的活动。宗教团体和宗教事务不受外国势力的支配。

52. 宪法如何保障公民的人身自由？

《宪法》第三十七条规定，中华人民共和国公民的人身自由不受侵犯。任何公民，非经人民检察院批准或者决定或者人民法院决定，并由公安机关执行，不受逮捕。禁止非法拘禁和以其他方法非法剥夺或者限制公民的人身自由，禁止非法搜查公民的身体。

53. 非法拘禁或者非法搜查他人身体，应当承担什么法律责任？

《民法典》第一千零一十一条规定，以非法拘禁等方式剥夺、限制他人的行动自由，或者非法搜查他人身体的，受害人有权依法请求行为人承担民事责任。

根据《治安管理处罚法》第四十七条规

定，非法限制他人人身自由或者非法搜查他人身体的，处十日以上十五日以下拘留，并处一千元以上二千元以下罚款；情节较轻的，处五日以上十日以下拘留，并处一千元以下罚款。

《刑法》第二百三十八条规定了非法拘禁罪。非法拘禁他人或者以其他方法非法剥夺他人人身自由的，处三年以下有期徒刑、拘役、管制或者剥夺政治权利。具有殴打、侮辱情节的，从重处罚。

犯非法拘禁罪，致人重伤的，处三年以上十年以下有期徒刑；致人死亡的，处十年以上有期徒刑。使用暴力致人伤残、死亡的，依照《刑法》第二百三十四条、第二百三十二条的规定以故意伤害罪、故意杀人罪定罪处罚。

为索取债务非法扣押、拘禁他人的，依照《刑法》第二百三十八条第一款、第二款的规定处罚。

国家机关工作人员利用职权犯前述罪的，依照前述规定从重处罚。

《刑法》第二百四十五条规定了非法搜查罪。非法搜查他人身体的，处三年以下有期徒刑或者拘役。司法工作人员滥用职权，犯该罪的，从重处罚。

54. 宪法如何保障公民的人格尊严？

《宪法》第三十八条规定，中华人民共和国公民的人格尊严不受侵犯。禁止用任何方法对公民进行侮辱、诽谤和诬告陷害。

55. 什么是人格权？

《民法典》第九百九十条规定，人格权是民事主体享有的生命权、身体权、健康权、姓名权、名称权、肖像权、名誉权、荣誉权、隐私权等权利。

除前述规定的人格权外，自然人享有基于人身自由、人格尊严产生的其他人格权益。

56. 人格权受到侵害的,受害人可以请求侵权人承担什么民事责任?

《民法典》第九百九十五条规定,人格权受到侵害的,受害人有权依照该法和其他法律的规定请求行为人承担民事责任。受害人的停止侵害、排除妨碍、消除危险、消除影响、恢复名誉、赔礼道歉请求权,不适用诉讼时效的规定。根据《民法典》第一百七十九条规定,受害人除了可以请求侵害人停止侵害、排除妨碍、消除危险、消除影响、恢复名誉、赔礼道歉等,还可以请求赔偿损失。

57. 侮辱、诽谤他人的,应当承担什么行政和刑事责任?

根据《治安管理处罚法》第五十条规定,公然侮辱他人或者捏造事实诽谤他人的以及多次发送侮辱信息的,处五日以下拘留或者一千元以下罚款;情节较重的,处五日以上十日以下拘留，可以并处一千元以下罚款。

《刑法》第二百四十六条规定了侮辱罪、诽谤罪。以暴力或者其他方法公然侮辱他人或者捏造事实诽谤他人，情节严重的，处三年以下有期徒刑、拘役、管制或者剥夺政治权利。侮辱罪、诽谤罪属于亲告罪，告诉的才处理，但是严重危害社会秩序和国家利益的除外。通过信息网络实施侮辱罪、诽谤罪的行为，被害人向人民法院告诉，但提供证据确有困难的，人民法院可以要求公安机关提供协助。

58. 捏造事实诬告陷害他人，意图使他人受刑事追究或者受到治安管理处罚的，应当承担什么行政和刑事责任？

根据《治安管理处罚法》第五十条规定，捏造事实诬告陷害他人，企图使他人受到刑事追究或者受到治安管理处罚的，处五日以下拘留或者一千元以下罚款；情节较重的，处五日以上十日以下拘留，可以并处一千元以下罚款。

《刑法》第二百四十三条规定了诬告陷害罪。捏造事实诬告陷害他人，意图使他人受刑事追究，情节严重的，处三年以下有期徒刑、拘役或者管制；造成严重后果的，处三年以上十年以下有期徒刑。国家机关工作人员犯该罪的，从重处罚。不是有意诬陷，而是错告，或者检举失实的，不适用前述规定。

59. 宪法如何保障公民的住宅不受侵犯？

《宪法》第三十九条规定，中华人民共和国公民的住宅不受侵犯。禁止非法搜查或者非法侵入公民的住宅。

60. 非法搜查他人住宅，或者非法侵入他人住宅的，应当承担什么行政和刑事责任？

根据《治安管理处罚法》第四十七条规定，非法侵入他人住宅的，处十日以上十五日以下拘留，并处一千元以上二千元以下罚款；

情节较轻的，处五日以上十日以下拘留，并处一千元以下罚款。

《刑法》第二百四十五条规定了非法搜查罪、非法侵入住宅罪。非法搜查他人住宅，或者非法侵入他人住宅的，处三年以下有期徒刑或者拘役。司法工作人员滥用职权，犯前述罪的，从重处罚。

61. 宪法如何保障公民的通信自由和通信秘密？

《宪法》第四十条规定，中华人民共和国公民的通信自由和通信秘密受法律的保护。除因国家安全或者追查刑事犯罪的需要，由公安机关或者检察机关依照法律规定的程序对通信进行检查外，任何组织或者个人不得以任何理由侵犯公民的通信自由和通信秘密。

62. 侵犯公民通信自由权利、侵犯他人快件的，应当承担什么行政和刑事责任？

《治安管理处罚法》第五十七条规定，冒领、隐匿、毁弃、倒卖、私自开拆或者非法检查他人邮件、快件的，处警告或者一千元以下罚款；情节较重的，处五日以上十日以下拘留。

《刑法》第二百五十二条规定了侵犯通信自由罪。隐匿、毁弃或者非法开拆他人信件，侵犯公民通信自由权利，情节严重的，处一年以下有期徒刑或者拘役。

63. 邮政工作人员私自开拆或者隐匿、毁弃邮件、电报的，应当承担什么刑事责任？

《刑法》第二百五十三条第一款规定了私自开拆、隐匿、毁弃邮件、电报罪。邮政工作人员私自开拆或者隐匿、毁弃邮件、电报的，处二年以下有期徒刑或者拘役。

64. 宪法如何保障公民的批评、建议和申诉、控告、检举等监督权利？

《宪法》第四十一条规定，中华人民共和国公民对于任何国家机关和国家工作人员，有提出批评和建议的权利；对于任何国家机关和国家工作人员的违法失职行为，有向有关国家机关提出申诉、控告或者检举的权利，但是不得捏造或者歪曲事实进行诬告陷害。对于公民的申诉、控告或者检举，有关国家机关必须查清事实，负责处理。任何人不得压制和打击报复。由于国家机关和国家工作人员侵犯公民权利而受到损失的人，有依照法律规定取得赔偿的权利。

65. 行政机关及其工作人员在行使行政职权时有哪些侵犯人身权情形的,受害人有取得赔偿的权利?

《国家赔偿法》第三条规定,行政机关及其工作人员在行使行政职权时有下列侵犯人身权情形之一的,受害人有取得赔偿的权利:

(1)违法拘留或者违法采取限制公民人身自由的行政强制措施的;

(2)非法拘禁或者以其他方法非法剥夺公民人身自由的;

(3)以殴打、虐待等行为或者唆使、放纵他人以殴打、虐待等行为造成公民身体伤害或者死亡的;

(4)违法使用武器、警械造成公民身体伤害或者死亡的;

(5)造成公民身体伤害或者死亡的其他违法行为。

66. 行政机关及其工作人员在行使行政职权时有哪些侵犯财产权情形的，受害人有取得赔偿的权利？

《国家赔偿法》第四条规定，行政机关及其工作人员在行使行政职权时有下列侵犯财产权情形之一的，受害人有取得赔偿的权利：

（1）违法实施罚款、吊销许可证和执照、责令停产停业、没收财物等行政处罚的；

（2）违法对财产采取查封、扣押、冻结等行政强制措施的；

（3）违法征收、征用财产的；

（4）造成财产损害的其他违法行为。

67. 关于公民劳动的权利和义务，宪法是如何规定的？

《宪法》第四十二条规定，中华人民共和国公民有劳动的权利和义务。国家通过各种途径，创造劳动就业条件，加强劳动保护，改善劳动条件，并在发展生产的基础上，提高劳动报酬和福利待遇。劳动是一切有劳动能力的公民的光荣职责。国有企业和城乡集体经济组织的劳动者都应当以国家主人翁的态度对待自己的劳动。国家提倡社会主义劳动竞赛，奖励劳动模范和先进工作者。国家提倡公民从事义务劳动。国家对就业前的公民进行必要的劳动就业训练。

68. 宪法如何保障劳动者休息的权利？

《宪法》第四十三条规定，中华人民共和国劳动者有休息的权利。国家发展劳动者休息和休养的设施，规定职工的工作时间和休假制度。

69. 我国实行怎样的工时制度？

《劳动法》第三十六条规定，国家实行劳动者每日工作时间不超过八小时、平均每周工作时间不超过四十四小时的工时制度。第三十八条规定,用人单位应当保证劳动者每周至少休息一日。

《国务院关于职工工作时间的规定》第三条至第五条规定,职工每日工作 8 小时、每周工作 40 小时。在特殊条件下从事劳动和有特殊情况,需要适当缩短工作时间的,按照国家有关规定执行。因工作性质或者生产特点的限制,不能实行每日工作 8 小时、每周工作 40 小时标准工时制度的,按照国家有关规定,可以实行其他工作和休息办法。

70. 什么情况下,用人单位可以延长工作时间?

《劳动法》第四十一条规定,用人单位由于生产经营需要,经与工会和劳动者协商后可以延长工作时间,一般每日不得超过一小时;因特殊原因需要延长工作时间的,在保障劳动者身体健康的条件下延长工作时间每日不得超过三小时,但是每月不得超过三十六小时。

第四十二条规定，有下列情形之一的，延长工作时间不受该法第四十一条规定的限制：

（1）发生自然灾害、事故或者因其他原因，威胁劳动者生命健康和财产安全，需要紧急处理的；

（2）生产设备、交通运输线路、公共设施发生故障，影响生产和公众利益，必须及时抢修的；

（3）法律、行政法规规定的其他情形。

第四十三条规定，用人单位不得违反该法规定延长劳动者的工作时间。

71. 安排劳动者延长工作时间，或者在休息日、法定休假日安排劳动者工作的，用人单位应当如何支付工资报酬？

《劳动法》第四十四条规定，有下列情形之一的，用人单位应当按照下列标准支付高于劳动者正常工作时间工资的工资报酬：

（1）安排劳动者延长工作时间的，支付不

低于工资的百分之一百五十的工资报酬；

（2）休息日安排劳动者工作又不能安排补休的，支付不低于工资的百分之二百的工资报酬；

（3）法定休假日安排劳动者工作的，支付不低于工资的百分之三百的工资报酬。

72. 公民在哪些情况下有从国家和社会获得物质帮助的权利？

《宪法》第四十五条规定，中华人民共和国公民在年老、疾病或者丧失劳动能力的情况下，有从国家和社会获得物质帮助的权利。国家发展为公民享受这些权利所需要的社会保险、社会救济和医疗卫生事业。国家和社会保障残废军人的生活，抚恤烈士家属，优待军人家属。国家和社会帮助安排盲、聋、哑和其他有残疾的公民的劳动、生活和教育。

73. 关于公民受教育的权利和义务，宪法是如何规定的？

《宪法》第四十六条规定，中华人民共和国公民有受教育的权利和义务。国家培养青年、少年、儿童在品德、智力、体质等方面全面发展。

74. 宪法如何保障公民的文化自由？

《宪法》第四十七条规定，中华人民共和国公民有进行科学研究、文学艺术创作和其他文化活动的自由。国家对于从事教育、科学、技术、文学、艺术和其他文化事业的公民的有益于人民的创造性工作，给以鼓励和帮助。

75. 宪法如何保障妇女的权益？

《宪法》第四十八条规定，中华人民共和国妇女在政治的、经济的、文化的、社会的和家庭的生活等各方面享有同男子平等的权利。国家保护妇女的权利和利益，实行男女同工同酬，培养和选拔妇女干部。第四十九条第一款、第四款规定，婚姻、家庭、母亲和儿童受国家的保护。禁止破坏婚姻自由，禁止虐待老人、妇女和儿童。

76. 宪法如何保障老人和儿童的权益？

宪法规定了成年子女对父母的赡养扶助义务，保证老有所依，亦规定了禁止虐待老人，保护弱势群体的权益。同时，宪法规定了儿童享有受教育权、受保护权，父母对未成年子女的抚养教育义务等，保障儿童健康成长。

《宪法》第四十六条规定，中华人民共和国公民有受教育的权利和义务。国家培养青年、少年、儿童在品德、智力、体质等方面全面发展。第四十九条第一款、第三款、第四款规定，婚姻、家庭、母亲和儿童受国家的保护。父母有抚养教育未成年子女的义务，成年子女有赡养扶助父母的义务。禁止破坏婚姻自由，禁止虐待老人、妇女和儿童。

第三章 国家机构

77. 我国的国家机构有哪些？

根据宪法规定，我国的国家机构包括全国人民代表大会、中华人民共和国主席、国务院、中央军事委员会、地方各级人民代表大会和地方各级人民政府、民族自治地方的自治机关、监察委员会、人民法院和人民检察院。

78. 全国人民代表大会的性质和地位是什么？

《宪法》第五十七条规定，中华人民共和国全国人民代表大会是最高国家权力机关。它的常设机关是全国人民代表大会常务委员会。第五十八条规定，全国人民代表大会和全国人民代表大会常务委员会行使国家立法权。

79. 全国人民代表大会由哪些代表组成？

根据《宪法》第五十九条第一款规定，全国人民代表大会由省、自治区、直辖市、特别行政区和军队选出的代表组成。各少数民族都应当有适当名额的代表。

80. 全国人民代表大会代表的名额是如何分配的？

《全国人民代表大会和地方各级人民代表大会选举法》第十六条规定，全国人民代表大会的代表，由省、自治区、直辖市的人民代表大会和人民解放军选举产生。全国人民代表大会代表的名额不超过三千人。香港特别行政区、澳门特别行政区应选全国人民代表大会代表的名额和代表产生办法，由全国人民代表大会另行规定。

第十七条规定，全国人民代表大会代表名额，由全国人民代表大会常务委员会根据各省、自治区、直辖市的人口数，按照每一代表所代表的城乡人口数相同的原则，以及保证各地区、各民族、各方面都有适当数量代表的要求进行分配。省、自治区、直辖市应选全国人民代表大会代表名额，由根据人口数计算确定的名额数、相同的地区基本名额数和其他应选名额数构成。全国人民代表大会代表名额的具体分配，由全国人民代表大会常务委员会决定。

第十八条规定，全国少数民族应选全国人民代表大会代表，由全国人民代表大会常务委员会参照各少数民族的人口数和分布等情况，分配给各省、自治区、直辖市的人民代表大会选出。人口特少的民族，至少应有代表一人。

81. 全国人民代表大会及其常务委员会每届任期为几年？

《宪法》第六十条规定，全国人民代表大会每届任期五年。全国人民代表大会任期届满的两个月以前，全国人民代表大会常务委员会必须完成下届全国人民代表大会代表的选举。如果遇到不能进行选举的非常情况，由全国人民代表大会常务委员会以全体组成人员的三分之二以上的多数通过，可以推迟选举，延长本届全国人民代表大会的任期。在非常情况结束后一年内，必须完成下届全国人民代表大会代表的选举。

第六十六条规定，全国人民代表大会常务委员会每届任期同全国人民代表大会每届任期相同，它行使职权到下届全国人民代表大会选出新的常务委员会为止。委员长、副委员长连续任职不得超过两届。

82. 全国人民代表大会会议多久举行一次？如何召集？

《宪法》第六十一条规定，全国人民代表大会会议每年举行一次，由全国人民代表大会常务委员会召集。如果全国人民代表大会常务委员会认为必要,或者有五分之一以上的全国人民代表大会代表提议,可以临时召集全国人民代表大会会议。全国人民代表大会举行会议的时候,选举主席团主持会议。

83. 全国人民代表大会行使哪些职权?

《宪法》第六十二条规定,全国人民代表大会行使下列职权:(1)修改宪法。(2)监督宪法的实施。(3)制定和修改刑事、民事、国家机构的和其他的基本法律。(4)选举中华人民共和国主席、副主席。(5)根据中华人民共和国主席的提名,决定国务院总理的人选;根据国务院总理的提名,决定国务院副总理、国务委员、各部部长、各委员会主任、审计长、秘书长的人选。(6)选举中央军事委员会主席;根据中央军事委员会主席的提名,决定中央军事委员会其他组成人员的人选。(7)选举国家监察委员会主任。(8)选举最高人民法院院长。(9)选举最高人民检察院检察长。(10)审查和批准国民经济和社会发展计划和计划执行情况的报告。(11) 审查和批准国家的预算和预算执行情况的报告。(12) 改变或者撤销全国人民代表大会常务委员会不适当的决定。(13) 批准省、自治区和直辖市的建置。(14) 决定特别行政区的设立及其制度。(15) 决定战争和和平的问题。(16) 应当由最高国家权力机关行使的其他职权。

84. 修改宪法需要多少比例的代表提议、通过？

《宪法》第六十四条第一款规定，宪法的修改，由全国人民代表大会常务委员会或者五分之一以上的全国人民代表大会代表提议，并由全国人民代表大会以全体代表的三分之二以上的多数通过。

85. 全国人民代表大会常务委员会由哪些人员组成？其组成人员任职有什么限制？

根据《宪法》第六十五条规定，全国人民代表大会常务委员会由下列人员组成：委员长，副委员长若干人，秘书长，委员若干人。全国人民代表大会常务委员会组成人员中，应当有适当名额的少数民族代表。全国人民代表大会常务委员会的组成人员不得担任国家行政机关、监察机关、审判机关和检察机关的职务。

86. 全国人民代表大会常务委员会行使哪些职权？

《宪法》第六十七条规定，全国人民代表大会常务委员会行使下列职权：（1）解释宪法，监督宪法的实施；（2）制定和修改除应当由全国人民代表大会制定的法律以外的其他法律；(3) 在全国人民代表大会闭会期间，对全国人民代表大会制定的法律进行部分补充和修改，但是不得同该法律的基本原则相抵触；(4) 解释法律；(5) 在全国人民代表大会闭会期间，审查和批准国民经济和社会发展计划、国家预算在执行过程中所必须作的部分调整方案；(6) 监督国务院、中央军事委员会、国家监察委员会、最高人民法院和最高人民检察院的工作；(7) 撤销国务院制定的同宪法、法律相抵触的行政法规、决定和命令；(8) 撤销省、自治区、直辖市国家权力机关制定的同宪法、法律和行政法规相抵触的地方性法规和决议；(9) 在全国人民代表大会闭会期间，根据国务院总理的提名，决定部长、委员会主任、审计长、秘书长的人选；(10) 在全国人民代表大会闭会期间，根据中央军事委员会主席的提名，决定中央军事委员会其他组成人员的人选；(11) 根据国家监察委员会主任的提请，任免国家监察委员会副主任、委员；(12) 根据最高人民法院院长的提请，任免最高人民法院副院长、审判员、审判委员会委员和军事法院院长；（13）根据最高人民检察院检察长的提请，任免最高人民检察院副检察长、检察员、检察委员会委员和军事检察院检察长，并且批准省、自治区、直辖市的人民检察院检察长的任免；（14）决定驻外全权代表的任免；（15）决定同外国缔结的条约和重要协定的批准和废除；（16）规定军人和外交人员的衔级制度和其他专门衔级制度；（17）规定和决定授予国家的勋章和荣誉称号；（18）决定特赦；（19）在全国人民代表大会闭会期间，如果遇到国家遭受武装侵犯或者必须履行国际间共同防止侵略的条约的情况，决定战争状态的宣布；（20）决定全国总动员或者局部动员；（21）决定全国或者个别省、自治区、直辖市进入紧急状态；（22）全国人民代表大会授予的其他职权。

87. 全国人民代表大会常务委员会委员长和委员长会议有哪些工作职责？

《宪法》第六十八条规定，全国人民代表大会常务委员会委员长主持全国人民代表大会常务委员会的工作，召集全国人民代表大会常务委员会会议。副委员长、秘书长协助委员长工作。委员长、副委员长、秘书长组成委员长会议，处理全国人民代表大会常务委员会的重要日常工作。

88. 全国人民代表大会常务委员会对什么机构负责并报告工作？

《宪法》第六十九条规定，全国人民代表大会常务委员会对全国人民代表大会负责并报告工作。

全国人民代表大会常务委员会是全国人民代表大会的常设机关，由全国人民代表大会选举产生，接受全国人民代表大会的监督。一方面，全国人民代表大会常务委员会每年要向全国人民代表大会报告自上一次大会以来的工作情况，如立法、监督、外事、联系全国人民代表大会代表、自身建设等工作情况以及新的一年的工作安排等；另一方面，全国人民代表大会监督全国人民代表大会常务委员会，有权罢免全国人民代表大会常务委员会组成人员，全国人民代表大会有权改变或者撤销全国人民代表大会常务委员会不适当的决定。

89. 全国人民代表大会设有哪些专门委员会？如何开展工作？

《宪法》第七十条规定，全国人民代表大会设立民族委员会、宪法和法律委员会、财政经济委员会、教育科学文化卫生委员会、外事委员会、华侨委员会和其他需要设立的专门委员会。在全国人民代表大会闭会期间，各专门委员会受全国人民代表大会常务委员会的领导。各专门委员会在全国人民代表大会和全国人民代表大会常务委员会领导下，研究、审议和拟订有关议案。

90. 全国人民代表大会代表、全国人民代表大会常务委员会组成人员依法可以行使哪些职权？

全国人民代表大会代表和全国人民代表大会常务委员会组成人员有权提出议案和质询案。根据《宪法》第七十二条、第七十三条规定，全国人民代表大会代表和全国人民代表大会常务委员会组成人员，有权依照法律规定的程序分别提出属于全国人民代表大会和全国人民代表大会常务委员会职权范围内的议案。全国人民代表大会代表在全国人民代表大会开会期间，全国人民代表大会常务委员会组成人员在常务委员会开会期间，有权依照法律规定的程序提出对国务院或者国务院各部、各委员会的质询案。受质询的机关必须负责答复。

91. 宪法如何保障全国人民代表大会代表依法行使职权？

为保障全国人民代表大会代表依法行使职权，宪法对全国人民代表大会代表规定了人身特殊保护制度、言论免责权。《宪法》第七十四条规定，全国人民代表大会代表，非经全国人民代表大会会议主席团许可，在全国人民代表大会闭会期间非经全国人民代表大会常务委员会许可，不受逮捕或者刑事审判。第七十五条规定，全国人民代表大会代表在全国人民代表大会各种会议上的发言和表决，不受法律追究。

92. 中华人民共和国主席的职权有哪些？

《宪法》第八十条规定了国家主席对内的职权。中华人民共和国主席根据全国人民代表大会的决定和全国人民代表大会常务委员会的决定，公布法律，任免国务院总理、副总理、国务委员、各部部长、各委员会主任、审计长、秘书长，授予国家的勋章和荣誉称号，发布特赦令，宣布进入紧急状态，宣布战争状态，发布动员令。

第八十一条规定了国家主席在对外事务中的职权。中华人民共和国主席代表中华人民共和国，进行国事活动，接受外国使节；根据全国人民代表大会常务委员会的决定，派遣和召回驻外全权代表，批准和废除同外国缔结的条约和重要协定。

93. 中华人民共和国副主席的职权有哪些？

国家副主席没有独立的职权，其工作主要是协助主席开展工作。《宪法》第八十二条规定，中华人民共和国副主席协助主席工作。中华人民共和国副主席受主席的委托，可以代行主席的部分职权。

94. 国务院的性质和地位是什么？

根据《宪法》第八十五条规定，国务院的性质和地位体现在以下三个方面：（1）国务院是我国的中央人民政府；（2）国务院是最高国家权力机关的执行机关；（3）国务院是最高国家行政机关。

95. 国务院由哪些人员组成？其任期是如何规定的？

《宪法》第八十六条规定，国务院由下列人员组成：总理，副总理若干人，国务委员若干人，各部部长，各委员会主任，审计长，秘书长。第八十七条规定，国务院每届任期同全国人民代表大会每届任期相同①。总理、副总理、国务委员连续任职不得超过两届。

---

① 即每届任期为五年。

96. 什么是总理负责制？

《宪法》第八十六条规定，国务院实行总理负责制。亦即，国务院总理对国务院的各项工作负全责。

97. 国务院所属各部、各委员会实行怎样的领导体制？

《宪法》第八十六条规定，各部、各委员会实行部长、主任负责制。亦即，国务院所属各部部长、各委员会主任对本部门的工作负全责。

98. 国务院的会议制度是怎样的？

根据《宪法》第八十八条规定，国务院会议分为国务院常务会议和国务院全体会议。总理召集和主持国务院常务会议和国务院全体会议。国务院全体会议由国务院全体成员组成。国务院常务会议由总理、副总理、国务委员、秘书长组成。

99. 国务院行使哪些职权？

2018年《宪法修正案》在国务院职权中新增"生态文明建设"，体现了政府承担环境保护职能。《宪法》第八十九条规定，国务院行使下列职权：（1）根据宪法和法律，规定行政措施，制定行政法规，发布决定和命令；（2）向全国人民代表大会或者全国人民代表大会常务委员会提出议案；（3）规定各部和各委员会的任务和职责，统一领导各部和各委员会的工作，并且领导不属于各部和各委员会的全国性的行政工作；（4）统一领导全国地方各级国家行政机关的工作，规定中央和省、自治区、直辖市的国家行政机关的职权的具体划分；（5）编制和执行国民经济和社会发展计划和国家预算；（6）领导和管理经济工作和城乡建设、生态文明建设；（7）领导和管理教育、科学、文化、卫生、体育和计划生育工作；（8）领导和管理民政、公安、司法行政等工作；（9）管理对外事务，同外国缔结条约和协定；（10）领导和管理国防建设事业；（11）领导和管理民族事务，保障少数民族的平等权利和民族自治地方的自治权利；（12）保护华侨的正当的权利和利益，保护归侨和侨眷的合法的权利和利益；（13）改变或者撤销各部、各委员会发布的不适当的命令、指示和规章；（14）改变或者撤销地方各级国家行政机关的不适当的决定和命令；（15）批准省、自治区、直辖市的区域划分，批准自治州、县、自治县、市的建置和区域划分；（16）依照法律规定决定省、自治区、直辖市的范围内部分地区进入紧急状态；（17）审定行政机构的编制，依照法律规定任免、培训、考核和奖惩行政人员；（18）全国人民代表大会和全国人民代表大会常务委员会授予的其他职权。

100. 国务院所属的审计机关的性质和地位是什么？

《宪法》第九十一条规定，国务院设立审计机关，对国务院各部门和地方各级政府的财政收支，对国家的财政金融机构和企业事业组织的财务收支，进行审计监督。审计机关在国务院总理领导下，依照法律规定独立行使审计监督权，不受其他行政机关、社会团体和个人的干涉。

101. 国务院对什么机构负责并报告工作？

国务院是我国最高国家权力机关的执行机关，是最高国家行政机关，对全国人民代表大会及其常务委员会负责并报告工作，接受全国人民代表大会及其常务委员会的监督。《宪法》第九十二条规定，国务院对全国人民代表大会负责并报告工作；在全国人民代表大会闭会期间，对全国人民代表大会常务委员会负责并报告工作。

102. 中央军事委员会由哪些人员组成？其任期是如何规定的？

《宪法》第九十三条规定，中华人民共和国中央军事委员会领导全国武装力量。中央军事委员会由下列人员组成：主席，副主席若干人，委员若干人。中央军事委员会实行主席负责制。中央军事委员会每届任期同全国人民代表大会每届任期相同[1]。

103. 地方各级人民代表大会的性质和地位是什么？

《宪法》第九十六条规定，地方各级人民代表大会是地方国家权力机关。县级以上的地方各级人民代表大会设立常务委员会。

---

[1] 即每届任期为五年。

104. 地方各级人民代表大会是如何组成的？其任期是如何规定的？

《宪法》第九十七条规定，省、直辖市、设区的市的人民代表大会代表由下一级的人民代表大会选举；县、不设区的市、市辖区、乡、民族乡、镇的人民代表大会代表由选民直接选举。地方各级人民代表大会代表名额和代表产生办法由法律规定。第九十八条规定，地方各级人民代表大会每届任期五年。

105. 地方各级人民代表大会的代表名额是怎样确定的？

《全国人民代表大会和地方各级人民代表大会选举法》第十二条规定，地方各级人民代表大会的代表名额，按照下列规定确定：（1）省、自治区、直辖市的代表名额基数为三百五十名，省、自治区每十五万人可以增加一名代表，直辖市每二万五千人可以增加一名代表。

但是，代表总名额不得超过一千名。（2）设区的市、自治州的代表名额基数为二百四十名，每二万五千人可以增加一名代表；人口超过一千万的，代表总名额不得超过六百五十名。（3）不设区的市、市辖区、县、自治县的代表名额基数为一百四十名，每五千人可以增加一名代表；人口超过一百五十五万的，代表总名额不得超过四百五十名；人口不足五万的，代表总名额可以少于一百四十名。（4）乡、民族乡、镇的代表名额基数为四十五名，每一千五百人可以增加一名代表；但是，代表总名额不得超过一百六十名；人口不足二千的，代表总名额可以少于四十五名。

按照前述规定的地方各级人民代表大会的代表名额基数与按人口数增加的代表数相加，即为地方各级人民代表大会的代表总名额。

自治区、聚居的少数民族多的省，经全国人民代表大会常务委员会决定，代表名额可以另加百分之五。聚居的少数民族多或者人口居住分散的县、自治县、乡、民族乡，经省、自治区、直辖市的人民代表大会常务委员会决定，代表名额可以另加百分之五。

106. 地方各级人民代表大会行使哪些职权？

《宪法》第九十九条规定，地方各级人民代表大会在本行政区域内，保证宪法、法律、行政法规的遵守和执行；依照法律规定的权限，通过和发布决议，审查和决定地方的经济建设、文化建设和公共事业建设的计划。县级以上的地方各级人民代表大会审查和批准本行政区域内的国民经济和社会发展计划、预算以及它们的执行情况的报告；有权改变或者撤销本级人民代表大会常务委员会不适当的决定。民族乡的人民代表大会可以依照法律规定的权限采取适合民族特点的具体措施。

107. 哪些主体有权制定地方性法规？有哪些限制条件？

2018年《宪法修正案》增加了设区的市的人民代表大会及其常务委员会作为制定地方性法规的主体。《宪法》第一百条规定，省、直辖市的人民代表大会和它们的常务委员会，在不同宪法、法律、行政法规相抵触的前提下，可以制定地方性法规，报全国人民代表大会常务委员会备案。设区的市的人民代表大会和它们的常务委员会，在不同宪法、法律、行政法规和本省、自治区的地方性法规相抵触的前提下，可以依照法律规定制定地方性法规，报本省、自治区人民代表大会常务委员会批准后施行。

108. 地方各级人民代表大会有权选举和罢免哪些人员？

《宪法》第一百零一条规定，地方各级人

民代表大会分别选举并且有权罢免本级人民政府的省长和副省长、市长和副市长、县长和副县长、区长和副区长、乡长和副乡长、镇长和副镇长。县级以上的地方各级人民代表大会选举并且有权罢免本级监察委员会主任、本级人民法院院长和本级人民检察院检察长。选出或者罢免人民检察院检察长，须报上级人民检察院检察长提请该级人民代表大会常务委员会批准。

109. 全国人民代表大会和地方各级人民代表大会代表享有哪些权利？

《全国人民代表大会和地方各级人民代表大会代表法》第七条规定，代表享有下列权利：

（1）出席本级人民代表大会会议，参加审议各项议案、报告和其他议题，发表意见；

（2）依法联名提出议案、质询案、罢免案等；

（3）提出对各方面工作的建议、批评和意见；

（4）参加本级人民代表大会的各项选举；

（5）参加本级人民代表大会的各项表决；

（6）参加本级人民代表大会闭会期间统一组织的履职活动；

（7）获得依法履职所需的信息资料和各项保障；

（8）法律规定的其他权利。

110. 全国人民代表大会和地方各级人民代表大会代表应当履行哪些义务？

《全国人民代表大会和地方各级人民代表大会代表法》第八条规定，代表应当履行下列义务：

（1）模范地遵守宪法和法律，保守国家秘密，在自己参加的生产、工作和社会活动中，协助宪法和法律的实施；

（2）按时出席本级人民代表大会会议，认

真审议各项议案、报告和其他议题，发表意见，参加选举和表决，遵守会议纪律，做好会议期间的各项工作；

（3）带头宣传贯彻本级人民代表大会会议精神；

（4）积极参加统一组织的视察、专题调研、执法检查等履职活动；

（5）加强履职学习和调查研究，不断提高履职能力；

（6）与原选区选民或者原选举单位和人民群众保持密切联系，听取和反映他们的意见和要求，努力为人民服务；

（7）带头践行社会主义核心价值观，铸牢中华民族共同体意识，自觉遵守社会公德，廉洁自律，公道正派，勤勉尽责；

（8）法律规定的其他义务。

111. 如何对全国人民代表大会和地方各级人民代表大会代表进行监督？

《全国人民代表大会和地方各级人民代表大会代表法》第五十八条规定，代表应当采取多种方式经常听取人民群众对代表履职的意见，回答原选区选民或者原选举单位对代表工作和代表活动的询问，接受监督。代表应当以多种方式向原选区选民或者原选举单位报告履职情况。县级以上的地方各级人民代表大会常务委员会和乡、民族乡、镇的人民代表大会主席团应当记录代表履职情况，定期组织本级人民代表大会代表向原选区选民或者原选举单位报告履职情况，并公示代表基本信息和履职信息。第六十条规定，选民或者选举单位有权依法罢免自己选出的代表。被提出罢免的代表有权出席罢免该代表的会议提出申辩意见，或者书面提出申辩意见。

112. 县级以上的地方各级人民代表大会常务委员会由哪些人员组成？如何产生？

《宪法》第一百零三条规定，县级以上的地方各级人民代表大会常务委员会由主任、副主任若干人和委员若干人组成，对本级人民代表大会负责并报告工作。县级以上的地方各级人民代表大会选举并有权罢免本级人民代表大会常务委员会的组成人员。县级以上的地方各级人民代表大会常务委员会的组成人员不得担任国家行政机关、监察机关、审判机关和检察机关的职务。

113. 县级以上的地方各级人民代表大会常务委员会行使哪些职权？

《宪法》第一百零四条规定，县级以上的地方各级人民代表大会常务委员会讨论、决定本行政区域内各方面工作的重大事项；监督本级人民政府、监察委员会、人民法院和人民检察院的工作；撤销本级人民政府的不适当的决定和命令；撤销下一级人民代表大会的不适当的决议；依照法律规定的权限决定国家机关工作人员的任免；在本级人民代表大会闭会期间，罢免和补选上一级人民代表大会的个别代表。

114. 地方各级人民政府的性质和地位是什么？

《宪法》第一百零五条第一款规定，地方各级人民政府是地方各级国家权力机关的执行机关，是地方各级国家行政机关。

115. 地方各级人民政府实行怎样的领导体制？其任期是如何规定的？

《宪法》第一百零五条第二款规定，地方各级人民政府实行省长、市长、县长、区长、乡长、镇长负责制。亦即，地方各级人民政府实行行政首长负责制。第一百零六条规定,地方各级人民政府每届任期同本级人民代表大会每届任期相同①。

116. 地方各级人民政府的职权有哪些?

《宪法》第一百零七条规定,县级以上地方各级人民政府依照法律规定的权限,管理本行政区域内的经济、教育、科学、文化、卫生、体育事业、城乡建设事业和财政、民政、公安、民族事务、司法行政、计划生育等行政工作,发布决定和命令,任免、培训、考核和奖惩行政工作人员。乡、民族乡、镇的人民政府执行本级人民代表大会的决议和上级国家行政机关的决定和命令,管理本行政区域内的行政工作。省、直辖市的人民政府决定乡、民族乡、镇的建置和区域划分。

---

① 即每届任期为五年。

117. 地方各级人民政府对什么机构负责并报告工作？

《宪法》第一百一十条规定，地方各级人民政府对本级人民代表大会负责并报告工作。县级以上的地方各级人民政府在本级人民代表大会闭会期间，对本级人民代表大会常务委员会负责并报告工作。地方各级人民政府对上一级国家行政机关负责并报告工作。全国地方各级人民政府都是国务院统一领导下的国家行政机关，都服从国务院。

118. 什么是基层群众性自治组织？

《宪法》第一百一十一条规定，城市和农村按居民居住地区设立的居民委员会或者村民委员会是基层群众性自治组织。根据《城市居民委员会组织法》《村民委员会组织法》的规定，居民委员会、村民委员会是居民或者村民自我管理、自我教育、自我服务的基层群众性自治组织，村民委员会是村民实行民主选举、民主决策、民主管理、民主监督的组织形式。

119. 基层群众性自治组织与基层政权是什么关系？

《宪法》第一百一十一条第一款规定，居民委员会、村民委员会的主任、副主任和委员由居民选举。居民委员会、村民委员会同基层政权的相互关系由法律规定。根据《城市居民委员会组织法》《村民委员会组织法》的规定，居民委员会和村民委员会与基层人民政府的关系不是行政机关之间的关系，也就不是领导与被领导的关系，而是指导与被指导、协助与被协助的关系。

120. 居民委员会由哪些人员组成？

《城市居民委员会组织法》第七条规定，居民委员会由主任、副主任和委员共五至九人组成。多民族居住地区，居民委员会中应当有人数较少的民族的成员。

121. 村民委员会由哪些人员组成？

《村民委员会组织法》第六条第一款、第二款规定，村民委员会由主任、副主任和委员共三至七人组成。村民委员会成员中，应当有妇女成员，多民族村民居住的村应当有人数较少的民族的成员。

122. 居民委员会、村民委员会的职责主要有哪些？

《宪法》第一百一十一条第二款规定，居民委员会、村民委员会设人民调解、治安保卫、公共卫生等委员会，办理本居住地区的公共事务和公益事业，调解民间纠纷，协助维护社会治安，并且向人民政府反映群众的意见、要求和提出建议。

123. 民族自治地方的自治机关具体指什么？其组成人员有什么特殊要求？

《宪法》第一百一十二条规定，民族自治地方的自治机关是自治区、自治州、自治县的人民代表大会和人民政府。第一百一十四条规定，自治区主席、自治州州长、自治县县长由实行区域自治的民族的公民担任。

124. 民族自治地方的自治机关可以行使哪些自治权？

根据《宪法》第一百一十五条至第一百二十一条规定，自治区、自治州、自治县的自治机关行使《宪法》第三章第五节规定的地方国家机关的职权，同时依照宪法、《民族区域自治法》和其他法律规定的权限行使自治权，根据本地方实际情况贯彻执行国家的法律、政策。

（1）民族自治地方的人民代表大会有权依

照当地民族的政治、经济和文化的特点，制定自治条例和单行条例。自治区的自治条例和单行条例，报全国人民代表大会常务委员会批准后生效。自治州、自治县的自治条例和单行条例，报省或者自治区的人民代表大会常务委员会批准后生效，并报全国人民代表大会常务委员会备案。

（2）民族自治地方的自治机关有管理地方财政的自治权。凡是依照国家财政体制属于民族自治地方的财政收入，都应当由民族自治地方的自治机关自主地安排使用。

（3）民族自治地方的自治机关在国家计划的指导下，自主地安排和管理地方性的经济建设事业。国家在民族自治地方开发资源、建设企业的时候，应当照顾民族自治地方的利益。

（4）民族自治地方的自治机关自主地管理本地方的教育、科学、文化、卫生、体育事业，保护和整理民族的文化遗产，发展和繁荣民族文化。

（5）民族自治地方的自治机关依照国家的军事制度和当地的实际需要，经国务院批准，可以组织本地方维护社会治安的公安部队。

（6）民族自治地方的自治机关在执行职务的时候，依照本民族自治地方自治条例的规定，使用当地通用的一种或者几种语言文字。

125. 监察委员会的性质和任务是什么？

2018年《宪法修正案》在第三章"国家机构"中增加第七节"监察委员会"，并规定了监察委员会的具体职权。《宪法》第一百二十三条规定，中华人民共和国各级监察委员会是国家的监察机关。《监察法》第三条规定，各级监察委员会是行使国家监察职能的专责机关，依照《监察法》对所有行使公权力的公职人员进行监察，调查职务违法和职务犯罪，开展廉政建设和反腐败工作，维护宪法和法律的尊严。

126. 监察委员会的组织体系与领导体制是什么？

《宪法》第一百二十四条规定，中华人民共和国设立国家监察委员会和地方各级监察委员会。第一百二十五条规定，中华人民共和国国家监察委员会是最高监察机关。国家监察委员会领导地方各级监察委员会的工作，上级监察委员会领导下级监察委员会的工作。

127. 监察委员会由哪些人员组成？监察委员会主任的任期是如何规定的？

《宪法》第一百二十四条规定，监察委员会由下列人员组成：主任，副主任若干人，委员若干人。监察委员会主任每届任期同本级人民代表大会每届任期相同①。国家监察委员会主任连续任职不得超过两届。

---

① 即每届任期为五年。

128. 监察委员会履行哪些职责?

《监察法》第十一条规定,监察委员会依照《监察法》和有关法律规定履行监督、调查、处置职责:(1)对公职人员开展廉政教育,对其依法履职、秉公用权、廉洁从政从业以及道德操守情况进行监督检查。(2)对涉嫌贪污贿赂、滥用职权、玩忽职守、权力寻租、利益输送、徇私舞弊以及浪费国家资财等职务违法和职务犯罪进行调查。(3)对违法的公职人员依法作出政务处分决定;对履行职责不力、失职失责的领导人员进行问责;对涉嫌职务犯罪的,将调查结果移送人民检察院依法审查、提起公诉;向监察对象所在单位提出监察建议。

129. 监察机关对哪些人员进行监察?

《监察法》第十五条规定,监察机关对下列公职人员和有关人员进行监察:(1)中国共产党机关、人民代表大会及其常务委员会机关、人民政府、监察委员会、人民法院、人民检察院、中国人民政治协商会议各级委员会机关、民主党派机关和工商业联合会机关的公务员,以及参照《公务员法》管理的人员;(2)法律、法规授权或者受国家机关依法委托管理公共事务的组织中从事公务的人员;(3)国有企业管理人员;(4)公办的教育、科研、文化、医疗卫生、体育等单位中从事管理的人员;(5)基层群众性自治组织中从事管理的人员;(6)其他依法履行公职的人员。

130. 各级监察委员会对什么机构负责?

《宪法》第一百二十六条规定,国家监察委员会对全国人民代表大会和全国人民代表大会常务委员会负责。地方各级监察委员会对产生它的国家权力机关和上一级监察委员会负责。

131. 监察委员会如何行使监察权？其与审判机关、检察机关、执法部门的关系是怎样的？

《宪法》第一百二十七条规定，监察委员会依照法律规定独立行使监察权，不受行政机关、社会团体和个人的干涉。监察机关办理职务违法和职务犯罪案件，应当与审判机关、检察机关、执法部门互相配合，互相制约。

132. 人民法院和人民检察院的性质是什么？

《宪法》第一百二十八条规定，中华人民共和国人民法院是国家的审判机关。第一百三十四条规定，中华人民共和国人民检察院是国家的法律监督机关。

133. 人民检察院行使哪些职权？

《人民检察院组织法》第二十条规定，人

民检察院行使下列职权：（1）依照法律规定对有关刑事案件行使侦查权；（2）对刑事案件进行审查，批准或者决定是否逮捕犯罪嫌疑人；（3）对刑事案件进行审查，决定是否提起公诉，对决定提起公诉的案件支持公诉；（4）依照法律规定提起公益诉讼；（5）对诉讼活动实行法律监督；（6）对判决、裁定等生效法律文书的执行工作实行法律监督；（7）对监狱、看守所的执法活动实行法律监督；（8）法律规定的其他职权。

134. 人民法院、人民检察院行使审判权、检察权有什么特点？其与公安机关的关系是怎样的？

《宪法》第一百三十一条规定，人民法院依照法律规定独立行使审判权，不受行政机关、社会团体和个人的干涉。第一百三十六条规定，人民检察院依照法律规定独立行使检察权，不受行政机关、社会团体和个人的干涉。

第一百四十条规定,人民法院、人民检察院和公安机关办理刑事案件,应当分工负责,互相配合,互相制约,以保证准确有效地执行法律。

135. 人民法院的组织体系是什么?人民法院体系内上下级的关系是怎样的?

《宪法》第一百二十九条规定,中华人民共和国设立最高人民法院、地方各级人民法院和军事法院等专门人民法院。最高人民法院院长每届任期同全国人民代表大会每届任期相同[1],连续任职不得超过两届。人民法院的组织由法律规定(具体规定参见《人民法院组织法》)。《宪法》第一百三十二条规定,最高人民法院是最高审判机关。最高人民法院监督地方各级人民法院和专门人民法院的审判工作,上级人民法院监督下级人民法院的审判工作。

---

[1] 即每届任期为五年。

可见，人民法院体系内上下级之间是监督与被监督的关系。

136. 人民检察院的组织体系是什么？人民检察院体系内上下级的关系是怎样的？

《宪法》第一百三十五条规定，中华人民共和国设立最高人民检察院、地方各级人民检察院和军事检察院等专门人民检察院。最高人民检察院检察长每届任期同全国人民代表大会每届任期相同[①]，连续任职不得超过两届。人民检察院的组织由法律规定（具体规定见《人民检察院组织法》）。《宪法》第一百三十七条规定，最高人民检察院是最高检察机关。最高人民检察院领导地方各级人民检察院和专门人民检察院的工作，上级人民检察院领导下级人民检察院的工作。可见，人民检察院体系内上

---

① 即每届任期为五年。

下级之间是领导与被领导的关系,这一点有别于人民法院。

137. 人民法院和人民检察院对什么机构负责?

《宪法》第一百三十三条规定,最高人民法院对全国人民代表大会和全国人民代表大会常务委员会负责。地方各级人民法院对产生它的国家权力机关负责。

第一百三十八条规定,最高人民检察院对全国人民代表大会和全国人民代表大会常务委员会负责。地方各级人民检察院对产生它的国家权力机关和上级人民检察院负责。

第四章 国旗、国歌、国徽、首都

138. 宪法对国旗、国歌、国徽、首都是如何规定的？

《宪法》第一百四十一条至第一百四十三条规定，中华人民共和国国旗是五星红旗。中华人民共和国国歌是《义勇军进行曲》。中华人民共和国国徽，中间是五星照耀下的天安门，周围是谷穗和齿轮。中华人民共和国首都是北京。

139. 中华人民共和国国旗、国歌、国徽的象征意义是什么？

《国旗法》第四条规定，中华人民共和国国旗是中华人民共和国的象征和标志。每个公民和组织，都应当尊重和爱护国旗。

《国歌法》第三条规定,中华人民共和国国歌是中华人民共和国的象征和标志。一切公民和组织都应当尊重国歌,维护国歌的尊严。

《国徽法》第三条规定,中华人民共和国国徽是中华人民共和国的象征和标志。一切组织和公民,都应当尊重和爱护国徽。

140. 哪些场所或者机构所在地应当每日升挂国旗?

《国旗法》第五条规定,下列场所或者机构所在地,应当每日升挂国旗:(1)北京天安门广场、新华门。(2)中国共产党中央委员会,全国人民代表大会常务委员会,国务院,中央军事委员会,中国共产党中央纪律检查委员会、国家监察委员会,最高人民法院,最高人民检察院;中国人民政治协商会议全国委员会。(3)外交部。(4)出境入境的机场、港口、火车站和其他边境口岸,边防海防哨所。

141. 什么情形下，下半旗志哀？

《国旗法》第十五条第一款规定，下列人士逝世，下半旗志哀：（1）中华人民共和国主席、全国人民代表大会常务委员会委员长、国务院总理、中央军事委员会主席；（2）中国人民政治协商会议全国委员会主席；（3）对中华人民共和国作出杰出贡献的人；（4）对世界和平或者人类进步事业作出杰出贡献的人。

该条第二款规定，举行国家公祭仪式或者发生严重自然灾害、突发公共卫生事件以及其他不幸事件造成特别重大伤亡的，可以在全国范围内下半旗志哀，也可以在部分地区或者特定场所下半旗志哀。

142. 国旗及其图案不得用于哪些场合？

《国旗法》第二十条规定，国旗及其图案不得用作商标、授予专利权的外观设计和商业广告，不得用于私人丧事活动等不适宜的情形。

143. 哪些机构和场所应当悬挂国徽？

《国徽法》第四条规定，下列机构应当悬挂国徽：(1) 各级人民代表大会常务委员会；(2) 各级人民政府；(3) 中央军事委员会；(4) 各级监察委员会；(5) 各级人民法院和专门人民法院；(6) 各级人民检察院和专门人民检察院；(7) 外交部；(8) 国家驻外使馆、领馆和其他外交代表机构；(9) 中央人民政府驻香港特别行政区有关机构、中央人民政府驻澳门特别行政区有关机构。国徽应当悬挂在机关正门上方正中处。

第五条规定，下列场所应当悬挂国徽：(1) 北京天安门城楼、人民大会堂；(2) 县级以上各级人民代表大会及其常务委员会会议厅，乡、民族乡、镇的人民代表大会会场；(3) 各级人民法院和专门人民法院的审判庭；(4) 宪法宣誓场所；(5) 出境入境口岸的适当场所。

144. 国徽及其图案不得用于哪些场合？

《国徽法》第十三条规定，国徽及其图案不得用于：（1）商标、授予专利权的外观设计、商业广告；（2）日常用品、日常生活的陈设布置；（3）私人庆吊活动；（4）国务院办公厅规定不得使用国徽及其图案的其他场合。

145. 侮辱国旗、国徽的，有什么法律后果？

《国旗法》第二十三条规定，在公共场合故意以焚烧、毁损、涂划、玷污、践踏等方式侮辱中华人民共和国国旗的，依法追究刑事责任；情节较轻的，由公安机关处以十五日以下拘留。《国徽法》第十八条规定，在公共场合故意以焚烧、毁损、涂划、玷污、践踏等方式侮辱中华人民共和国国徽的，依法追究刑事责任；情节较轻的，由公安机关处以十五日以下拘留。

《刑法》第二百九十九条第一款规定了侮辱国旗罪、侮辱国徽罪。在公共场合,故意以焚烧、毁损、涂划、玷污、践踏等方式侮辱中华人民共和国国旗、国徽的,处三年以下有期徒刑、拘役、管制或者剥夺政治权利。

146. 中华人民共和国国歌是谁创作的?何时被确立为国歌?

《义勇军进行曲》由田汉作词、聂耳作曲,诞生于1935年。1949年9月27日,中国人民政治协商会议第一届全体会议通过《关于中华人民共和国国都、纪年、国歌、国旗的决议》,提出,"在中华人民共和国的国歌未正式制定前,以'义勇军进行曲'为国歌"。2004年3月14日,第十届全国人民代表大会第二次会议通过的《宪法修正案》正式将《义勇军进行曲》作为国歌写入《宪法》。

147. 哪些场合应当奏唱国歌？

国家倡导公民和组织在适宜的场合奏唱国歌，表达爱国情感。《国歌法》第四条规定，在下列场合，应当奏唱国歌：(1) 全国人民代表大会会议和地方各级人民代表大会会议的开幕、闭幕；中国人民政治协商会议全国委员会会议和地方各级委员会会议的开幕、闭幕。(2) 各政党、各人民团体的各级代表大会等。(3) 宪法宣誓仪式。(4) 升国旗仪式。(5) 各级机关举行或者组织的重大庆典、表彰、纪念仪式等。(6) 国家公祭仪式。(7) 重大外交活动。(8) 重大体育赛事。(9) 其他应当奏唱国歌的场合。

148. 国歌不得用于哪些场合？

《国歌法》第八条规定，国歌不得用于或者变相用于商标、商业广告，不得在私人丧事活动等不适宜的场合使用，不得作为公共场所的背景音乐等。

149. 故意篡改国歌歌词、曲谱的，有什么法律后果？

《国歌法》第十五条规定，在公共场合，故意篡改国歌歌词、曲谱，以歪曲、贬损方式奏唱国歌，或者以其他方式侮辱国歌的，由公安机关处以警告或者十五日以下拘留；构成犯罪的，依法追究刑事责任。《刑法》第二百九十九条第二款规定了侮辱国歌罪。在公共场合，故意篡改中华人民共和国国歌歌词、曲谱，以歪曲、贬损方式奏唱国歌，或者以其他方式侮辱国歌，情节严重的，处三年以下有期徒刑、拘役、管制或者剥夺政治权利。

附　录

中华人民共和国宪法

（1982年12月4日第五届全国人民代表大会第五次会议通过　1982年12月4日全国人民代表大会公告公布施行

根据1988年4月12日第七届全国人民代表大会第一次会议通过的《中华人民共和国宪法修正案》、1993年3月29日第八届全国人民代表大会第一次会议通过的《中华人民共和国宪法修正案》、1999年3月15日第九届全国人民代表大会第二次会议通过的《中华人民共和国宪法修正案》、2004年3月14日第十届全国人民代表大会第二次会议通过的《中华人民共和国宪法修正案》和 2018 年 3 月 11 日第十三届全国人民代表大会第一次会议通过的《中华人民共和国宪法修正案》修正)

目　　录

序　言
第一章　总　纲
第二章　公民的基本权利和义务
第三章　国家机构
　第一节　全国人民代表大会
　第二节　中华人民共和国主席
　第三节　国务院
　第四节　中央军事委员会
　第五节　地方各级人民代表大会和地方各级人民政府
　第六节　民族自治地方的自治机关
　第七节　监察委员会
　第八节　人民法院和人民检察院

第四章 国旗、国歌、国徽、首都

序　言

中国是世界上历史最悠久的国家之一。中国各族人民共同创造了光辉灿烂的文化，具有光荣的革命传统。

一八四〇年以后，封建的中国逐渐变成半殖民地、半封建的国家。中国人民为国家独立、民族解放和民主自由进行了前仆后继的英勇奋斗。

二十世纪，中国发生了翻天覆地的伟大历史变革。

一九一一年孙中山先生领导的辛亥革命，废除了封建帝制，创立了中华民国。但是，中国人民反对帝国主义和封建主义的历史任务还没有完成。

一九四九年，以毛泽东主席为领袖的中国共产党领导中国各族人民，在经历了长期的艰难曲折的武装斗争和其他形式的斗争以后,终于推翻了帝国主义、封建主义和官僚资本主义的统治,取得了新民主主义革命的伟大胜利,建立了中华人民共和国。从此,中国人民掌握了国家的权力,成为国家的主人。

中华人民共和国成立以后,我国社会逐步实现了由新民主主义到社会主义的过渡。生产资料私有制的社会主义改造已经完成,人剥削人的制度已经消灭,社会主义制度已经确立。工人阶级领导的、以工农联盟为基础的人民民主专政,实质上即无产阶级专政,得到巩固和发展。中国人民和中国人民解放军战胜了帝国主义、霸权主义的侵略、破坏和武装挑衅,维护了国家的独立和安全,增强了国防。经济建设取得了重大的成就,独立的、比较完整的社会主义工业体系已经基本形成,农业生产显著提高。教育、科学、文化等事业有了很大的发展,社会主义思想教育取得了明显的成效。广大人民的生活有了较大的改善。

中国新民主主义革命的胜利和社会主义事业的成就，是中国共产党领导中国各族人民，在马克思列宁主义、毛泽东思想的指引下，坚持真理，修正错误，战胜许多艰难险阻而取得的。我国将长期处于社会主义初级阶段。国家的根本任务是，沿着中国特色社会主义道路，集中力量进行社会主义现代化建设。中国各族人民将继续在中国共产党领导下，在马克思列宁主义、毛泽东思想、邓小平理论、"三个代表"重要思想、科学发展观、习近平新时代中国特色社会主义思想指引下，坚持人民民主专政，坚持社会主义道路，坚持改革开放，不断完善社会主义的各项制度，发展社会主义市场经济，发展社会主义民主，健全社会主义法治，贯彻新发展理念，自力更生，艰苦奋斗，逐步实现工业、农业、国防和科学技术的现代化，推动物质文明、政治文明、精神文明、社会文明、生态文明协调发展，把我国建设成为富强民主文明和谐美丽的社会主义现代化强国，实现中华民族伟大复兴。

在我国，剥削阶级作为阶级已经消灭，但是阶级斗争还将在一定范围内长期存在。中国人民对敌视和破坏我国社会主义制度的国内外的敌对势力和敌对分子，必须进行斗争。

台湾是中华人民共和国的神圣领土的一部分。完成统一祖国的大业是包括台湾同胞在内的全中国人民的神圣职责。

社会主义的建设事业必须依靠工人、农民和知识分子，团结一切可以团结的力量。在长期的革命、建设、改革过程中，已经结成由中国共产党领导的，有各民主党派和各人民团体参加的，包括全体社会主义劳动者、社会主义事业的建设者、拥护社会主义的爱国者、拥护祖国统一和致力于中华民族伟大复兴的爱国者的广泛的爱国统一战线，这个统一战线将继续巩固和发展。中国人民政治协商会议是有广泛代表性的统一战线组织，过去发挥了重要的历史作用，今后在国家政治生活、社会生活和对外友好活动中，在进行社会主义现代化建设、维护国家的统一和团结的斗争中，将进一步发挥它的重要作用。中国共产党领导的多党合作和政治协商制度将长期存在和发展。

中华人民共和国是全国各族人民共同缔造的统一的多民族国家。平等团结互助和谐的社会主义民族关系已经确立，并将继续加强。在维护民族团结的斗争中，要反对大民族主义，主要是大汉族主义，也要反对地方民族主义。国家尽一切努力，促进全国各民族的共同繁荣。

中国革命、建设、改革的成就是同世界人民的支持分不开的。中国的前途是同世界的前途紧密地联系在一起的。中国坚持独立自主的对外政策，坚持互相尊重主权和领土完整、互不侵犯、互不干涉内政、平等互利、和平共处的五项原则，坚持和平发展道路，坚持互利共赢开放战略，发展同各国的外交关系和经济、文化交流，推动构建人类命运共同体；坚持反对帝国主义、霸权主义、殖民主义，加强同世界各国人民的团结，支持被压迫民族和发展中国家争取和维护民族独立、发展民族经济的正义斗争，为维护世界和平和促进人类进步事业而努力。

本宪法以法律的形式确认了中国各族人民奋斗的成果，规定了国家的根本制度和根本任务，是国家的根本法，具有最高的法律效力。全国各族人民、一切国家机关和武装力量、各政党和各社会团体、各企业事业组织，都必须以宪法为根本的活动准则，并且负有维护宪法尊严、保证宪法实施的职责。

第一章 总 纲

第一条 中华人民共和国是工人阶级领导的、以工农联盟为基础的人民民主专政的社会主义国家。

社会主义制度是中华人民共和国的根本制

度。中国共产党领导是中国特色社会主义最本质的特征。禁止任何组织或者个人破坏社会主义制度。

第二条　中华人民共和国的一切权力属于人民。

人民行使国家权力的机关是全国人民代表大会和地方各级人民代表大会。

人民依照法律规定,通过各种途径和形式,管理国家事务,管理经济和文化事业,管理社会事务。

第三条　中华人民共和国的国家机构实行民主集中制的原则。

全国人民代表大会和地方各级人民代表大会都由民主选举产生,对人民负责,受人民监督。

国家行政机关、监察机关、审判机关、检察机关都由人民代表大会产生,对它负责,受它监督。

中央和地方的国家机构职权的划分,遵循

在中央的统一领导下，充分发挥地方的主动性、积极性的原则。

第四条 中华人民共和国各民族一律平等。国家保障各少数民族的合法的权利和利益，维护和发展各民族的平等团结互助和谐关系。禁止对任何民族的歧视和压迫，禁止破坏民族团结和制造民族分裂的行为。

国家根据各少数民族的特点和需要，帮助各少数民族地区加速经济和文化的发展。

各少数民族聚居的地方实行区域自治，设立自治机关，行使自治权。各民族自治地方都是中华人民共和国不可分离的部分。

各民族都有使用和发展自己的语言文字的自由，都有保持或者改革自己的风俗习惯的自由。

第五条 中华人民共和国实行依法治国，建设社会主义法治国家。

国家维护社会主义法制的统一和尊严。

一切法律、行政法规和地方性法规都不

得同宪法相抵触。

一切国家机关和武装力量、各政党和各社会团体、各企业事业组织都必须遵守宪法和法律。一切违反宪法和法律的行为，必须予以追究。

任何组织或者个人都不得有超越宪法和法律的特权。

第六条 中华人民共和国的社会主义经济制度的基础是生产资料的社会主义公有制，即全民所有制和劳动群众集体所有制。社会主义公有制消灭人剥削人的制度，实行各尽所能、按劳分配的原则。

国家在社会主义初级阶段，坚持公有制为主体、多种所有制经济共同发展的基本经济制度，坚持按劳分配为主体、多种分配方式并存的分配制度。

第七条 国有经济，即社会主义全民所有制经济，是国民经济中的主导力量。国家保障国有经济的巩固和发展。

第八条 农村集体经济组织实行家庭承包经营为基础、统分结合的双层经营体制。农村中的生产、供销、信用、消费等各种形式的合作经济，是社会主义劳动群众集体所有制经济。参加农村集体经济组织的劳动者，有权在法律规定的范围内经营自留地、自留山、家庭副业和饲养自留畜。

城镇中的手工业、工业、建筑业、运输业、商业、服务业等行业的各种形式的合作经济，都是社会主义劳动群众集体所有制经济。

国家保护城乡集体经济组织的合法的权利和利益，鼓励、指导和帮助集体经济的发展。

第九条 矿藏、水流、森林、山岭、草原、荒地、滩涂等自然资源，都属于国家所有，即全民所有；由法律规定属于集体所有的森林和山岭、草原、荒地、滩涂除外。

国家保障自然资源的合理利用，保护珍贵的动物和植物。禁止任何组织或者个人用任何手段侵占或者破坏自然资源。

第十条 城市的土地属于国家所有。

农村和城市郊区的土地，除由法律规定属于国家所有的以外，属于集体所有；宅基地和自留地、自留山，也属于集体所有。

国家为了公共利益的需要，可以依照法律规定对土地实行征收或者征用并给予补偿。

任何组织或者个人不得侵占、买卖或者以其他形式非法转让土地。土地的使用权可以依照法律的规定转让。

一切使用土地的组织和个人必须合理地利用土地。

第十一条 在法律规定范围内的个体经济、私营经济等非公有制经济，是社会主义市场经济的重要组成部分。

国家保护个体经济、私营经济等非公有制经济的合法的权利和利益。国家鼓励、支持和引导非公有制经济的发展，并对非公有制经济依法实行监督和管理。

第十二条 社会主义的公共财产神圣不可

侵犯。

国家保护社会主义的公共财产。禁止任何组织或者个人用任何手段侵占或者破坏国家的和集体的财产。

第十三条 公民的合法的私有财产不受侵犯。

国家依照法律规定保护公民的私有财产权和继承权。

国家为了公共利益的需要，可以依照法律规定对公民的私有财产实行征收或者征用并给予补偿。

第十四条 国家通过提高劳动者的积极性和技术水平，推广先进的科学技术，完善经济管理体制和企业经营管理制度，实行各种形式的社会主义责任制，改进劳动组织，以不断提高劳动生产率和经济效益，发展社会生产力。

国家厉行节约，反对浪费。

国家合理安排积累和消费，兼顾国家、集体和个人的利益，在发展生产的基础上，逐步改善人民的物质生活和文化生活。

国家建立健全同经济发展水平相适应的社会保障制度。

第十五条 国家实行社会主义市场经济。

国家加强经济立法，完善宏观调控。

国家依法禁止任何组织或者个人扰乱社会经济秩序。

第十六条 国有企业在法律规定的范围内有权自主经营。

国有企业依照法律规定，通过职工代表大会和其他形式，实行民主管理。

第十七条 集体经济组织在遵守有关法律的前提下，有独立进行经济活动的自主权。

集体经济组织实行民主管理，依照法律规定选举和罢免管理人员，决定经营管理的重大问题。

第十八条 中华人民共和国允许外国的企业和其他经济组织或者个人依照中华人民共和国法律的规定在中国投资，同中国的企业或者其他经济组织进行各种形式的经济合作。

在中国境内的外国企业和其他外国经济组织以及中外合资经营的企业，都必须遵守中华人民共和国的法律。它们的合法的权利和利益受中华人民共和国法律的保护。

第十九条 国家发展社会主义的教育事业，提高全国人民的科学文化水平。

国家举办各种学校，普及初等义务教育，发展中等教育、职业教育和高等教育，并且发展学前教育。

国家发展各种教育设施，扫除文盲，对工人、农民、国家工作人员和其他劳动者进行政治、文化、科学、技术、业务的教育，鼓励自学成才。

国家鼓励集体经济组织、国家企业事业组织和其他社会力量依照法律规定举办各种教育事业。

国家推广全国通用的普通话。

第二十条 国家发展自然科学和社会科学

事业，普及科学和技术知识，奖励科学研究成果和技术发明创造。

第二十一条　国家发展医疗卫生事业，发展现代医药和我国传统医药，鼓励和支持农村集体经济组织、国家企业事业组织和街道组织举办各种医疗卫生设施，开展群众性的卫生活动，保护人民健康。

国家发展体育事业，开展群众性的体育活动，增强人民体质。

第二十二条　国家发展为人民服务、为社会主义服务的文学艺术事业、新闻广播电视事业、出版发行事业、图书馆博物馆文化馆和其他文化事业，开展群众性的文化活动。

国家保护名胜古迹、珍贵文物和其他重要历史文化遗产。

第二十三条　国家培养为社会主义服务的各种专业人才，扩大知识分子的队伍，创造条件，充分发挥他们在社会主义现代化建设中的作用。

第二十四条 国家通过普及理想教育、道德教育、文化教育、纪律和法制教育，通过在城乡不同范围的群众中制定和执行各种守则、公约，加强社会主义精神文明的建设。

国家倡导社会主义核心价值观，提倡爱祖国、爱人民、爱劳动、爱科学、爱社会主义的公德，在人民中进行爱国主义、集体主义和国际主义、共产主义的教育，进行辩证唯物主义和历史唯物主义的教育，反对资本主义的、封建主义的和其他的腐朽思想。

第二十五条 国家推行计划生育，使人口的增长同经济和社会发展计划相适应。

第二十六条 国家保护和改善生活环境和生态环境，防治污染和其他公害。

国家组织和鼓励植树造林，保护林木。

第二十七条 一切国家机关实行精简的原则，实行工作责任制，实行工作人员的培训和考核制度，不断提高工作质量和工作效率，反对官僚主义。

一切国家机关和国家工作人员必须依靠人民的支持，经常保持同人民的密切联系，倾听人民的意见和建议，接受人民的监督，努力为人民服务。

国家工作人员就职时应当依照法律规定公开进行宪法宣誓。

第二十八条 国家维护社会秩序，镇压叛国和其他危害国家安全的犯罪活动，制裁危害社会治安、破坏社会主义经济和其他犯罪的活动，惩办和改造犯罪分子。

第二十九条 中华人民共和国的武装力量属于人民。它的任务是巩固国防，抵抗侵略，保卫祖国，保卫人民的和平劳动，参加国家建设事业，努力为人民服务。

国家加强武装力量的革命化、现代化、正规化的建设，增强国防力量。

第三十条 中华人民共和国的行政区域划分如下：

（一）全国分为省、自治区、直辖市；

（二）省、自治区分为自治州、县、自治县、市；

（三）县、自治县分为乡、民族乡、镇。

直辖市和较大的市分为区、县。自治州分为县、自治县、市。

自治区、自治州、自治县都是民族自治地方。

第三十一条　国家在必要时得设立特别行政区。在特别行政区内实行的制度按照具体情况由全国人民代表大会以法律规定。

第三十二条　中华人民共和国保护在中国境内的外国人的合法权利和利益，在中国境内的外国人必须遵守中华人民共和国的法律。

中华人民共和国对于因为政治原因要求避难的外国人，可以给予受庇护的权利。

第二章　公民的基本权利和义务

第三十三条　凡具有中华人民共和国国籍

的人都是中华人民共和国公民。

中华人民共和国公民在法律面前一律平等。

国家尊重和保障人权。

任何公民享有宪法和法律规定的权利,同时必须履行宪法和法律规定的义务。

第三十四条 中华人民共和国年满十八周岁的公民,不分民族、种族、性别、职业、家庭出身、宗教信仰、教育程度、财产状况、居住期限,都有选举权和被选举权;但是依照法律被剥夺政治权利的人除外。

第三十五条 中华人民共和国公民有言论、出版、集会、结社、游行、示威的自由。

第三十六条 中华人民共和国公民有宗教信仰自由。

任何国家机关、社会团体和个人不得强制公民信仰宗教或者不信仰宗教,不得歧视信仰宗教的公民和不信仰宗教的公民。

国家保护正常的宗教活动。任何人不得利

用宗教进行破坏社会秩序、损害公民身体健康、妨碍国家教育制度的活动。

宗教团体和宗教事务不受外国势力的支配。

第三十七条 中华人民共和国公民的人身自由不受侵犯。

任何公民,非经人民检察院批准或者决定或者人民法院决定,并由公安机关执行,不受逮捕。

禁止非法拘禁和以其他方法非法剥夺或者限制公民的人身自由,禁止非法搜查公民的身体。

第三十八条 中华人民共和国公民的人格尊严不受侵犯。禁止用任何方法对公民进行侮辱、诽谤和诬告陷害。

第三十九条 中华人民共和国公民的住宅不受侵犯。禁止非法搜查或者非法侵入公民的住宅。

第四十条 中华人民共和国公民的通信自

由和通信秘密受法律的保护。除因国家安全或者追查刑事犯罪的需要,由公安机关或者检察机关依照法律规定的程序对通信进行检查外,任何组织或者个人不得以任何理由侵犯公民的通信自由和通信秘密。

第四十一条 中华人民共和国公民对于任何国家机关和国家工作人员,有提出批评和建议的权利;对于任何国家机关和国家工作人员的违法失职行为,有向有关国家机关提出申诉、控告或者检举的权利,但是不得捏造或者歪曲事实进行诬告陷害。

对于公民的申诉、控告或者检举,有关国家机关必须查清事实,负责处理。任何人不得压制和打击报复。

由于国家机关和国家工作人员侵犯公民权利而受到损失的人,有依照法律规定取得赔偿的权利。

第四十二条 中华人民共和国公民有劳动的权利和义务。

国家通过各种途径，创造劳动就业条件，加强劳动保护，改善劳动条件，并在发展生产的基础上，提高劳动报酬和福利待遇。

劳动是一切有劳动能力的公民的光荣职责。国有企业和城乡集体经济组织的劳动者都应当以国家主人翁的态度对待自己的劳动。国家提倡社会主义劳动竞赛，奖励劳动模范和先进工作者。国家提倡公民从事义务劳动。

国家对就业前的公民进行必要的劳动就业训练。

第四十三条　中华人民共和国劳动者有休息的权利。

国家发展劳动者休息和休养的设施，规定职工的工作时间和休假制度。

第四十四条　国家依照法律规定实行企业事业组织的职工和国家机关工作人员的退休制度。退休人员的生活受到国家和社会的保障。

第四十五条　中华人民共和国公民在年老、疾病或者丧失劳动能力的情况下，有从国家和社会获得物质帮助的权利。国家发展为公民享受这些权利所需要的社会保险、社会救济和医疗卫生事业。

国家和社会保障残废军人的生活，抚恤烈士家属，优待军人家属。

国家和社会帮助安排盲、聋、哑和其他有残疾的公民的劳动、生活和教育。

第四十六条 中华人民共和国公民有受教育的权利和义务。

国家培养青年、少年、儿童在品德、智力、体质等方面全面发展。

第四十七条 中华人民共和国公民有进行科学研究、文学艺术创作和其他文化活动的自由。国家对于从事教育、科学、技术、文学、艺术和其他文化事业的公民的有益于人民的创造性工作，给以鼓励和帮助。

第四十八条 中华人民共和国妇女在政治的、经济的、文化的、社会的和家庭的生活等各方面享有同男子平等的权利。

国家保护妇女的权利和利益，实行男女同工同酬，培养和选拔妇女干部。

第四十九条 婚姻、家庭、母亲和儿童受国家的保护。

夫妻双方有实行计划生育的义务。

父母有抚养教育未成年子女的义务，成年子女有赡养扶助父母的义务。

禁止破坏婚姻自由，禁止虐待老人、妇女和儿童。

第五十条 中华人民共和国保护华侨的正当的权利和利益，保护归侨和侨眷的合法的权利和利益。

第五十一条 中华人民共和国公民在行使自由和权利的时候，不得损害国家的、社会的、集体的利益和其他公民的合法的自由和权利。

第五十二条 中华人民共和国公民有维护国家统一和全国各民族团结的义务。

第五十三条 中华人民共和国公民必须遵

守宪法和法律，保守国家秘密，爱护公共财产，遵守劳动纪律，遵守公共秩序，尊重社会公德。

第五十四条 中华人民共和国公民有维护祖国的安全、荣誉和利益的义务，不得有危害祖国的安全、荣誉和利益的行为。

第五十五条 保卫祖国、抵抗侵略是中华人民共和国每一个公民的神圣职责。

依照法律服兵役和参加民兵组织是中华人民共和国公民的光荣义务。

第五十六条 中华人民共和国公民有依照法律纳税的义务。

第三章 国家机构

第一节 全国人民代表大会

第五十七条 中华人民共和国全国人民代表大会是最高国家权力机关。它的常设机关是全国人民代表大会常务委员会。

第五十八条 全国人民代表大会和全国人民代表大会常务委员会行使国家立法权。

第五十九条 全国人民代表大会由省、自治区、直辖市、特别行政区和军队选出的代表组成。各少数民族都应当有适当名额的代表。

全国人民代表大会代表的选举由全国人民代表大会常务委员会主持。

全国人民代表大会代表名额和代表产生办法由法律规定。

第六十条 全国人民代表大会每届任期五年。

全国人民代表大会任期届满的两个月以前,全国人民代表大会常务委员会必须完成下届全国人民代表大会代表的选举。如果遇到不能进行选举的非常情况,由全国人民代表大会常务委员会以全体组成人员的三分之二以上的多数通过,可以推迟选举,延长本届全国人民代表大会的任期。在非常情况结束后一年内,必须完成下届全国人民代表大会代表的选举。

第六十一条 全国人民代表大会会议每年举行一次，由全国人民代表大会常务委员会召集。如果全国人民代表大会常务委员会认为必要，或者有五分之一以上的全国人民代表大会代表提议，可以临时召集全国人民代表大会会议。

全国人民代表大会举行会议的时候，选举主席团主持会议。

第六十二条 全国人民代表大会行使下列职权：

（一）修改宪法；

（二）监督宪法的实施；

（三）制定和修改刑事、民事、国家机构的和其他的基本法律；

（四）选举中华人民共和国主席、副主席；

（五）根据中华人民共和国主席的提名，决定国务院总理的人选；根据国务院总理的提名，决定国务院副总理、国务委员、各部部长、各委员会主任、审计长、秘书长的人选；

（六）选举中央军事委员会主席；根据中央军事委员会主席的提名，决定中央军事委员会其他组成人员的人选；

（七）选举国家监察委员会主任；

（八）选举最高人民法院院长；

（九）选举最高人民检察院检察长；

（十）审查和批准国民经济和社会发展计划和计划执行情况的报告；

（十一）审查和批准国家的预算和预算执行情况的报告；

（十二）改变或者撤销全国人民代表大会常务委员会不适当的决定；

（十三）批准省、自治区和直辖市的建置；

（十四）决定特别行政区的设立及其制度；

（十五）决定战争和和平的问题；

（十六）应当由最高国家权力机关行使的其他职权。

第六十三条 全国人民代表大会有权罢免下列人员：

（一）中华人民共和国主席、副主席；

（二）国务院总理、副总理、国务委员、各部部长、各委员会主任、审计长、秘书长；

（三）中央军事委员会主席和中央军事委员会其他组成人员；

（四）国家监察委员会主任；

（五）最高人民法院院长；

（六）最高人民检察院检察长。

第六十四条 宪法的修改，由全国人民代表大会常务委员会或者五分之一以上的全国人民代表大会代表提议，并由全国人民代表大会以全体代表的三分之二以上的多数通过。

法律和其他议案由全国人民代表大会以全体代表的过半数通过。

第六十五条 全国人民代表大会常务委员会由下列人员组成：

委员长，

副委员长若干人，

秘书长，

委员若干人。

全国人民代表大会常务委员会组成人员中，应当有适当名额的少数民族代表。

全国人民代表大会选举并有权罢免全国人民代表大会常务委员会的组成人员。

全国人民代表大会常务委员会的组成人员不得担任国家行政机关、监察机关、审判机关和检察机关的职务。

第六十六条 全国人民代表大会常务委员会每届任期同全国人民代表大会每届任期相同，它行使职权到下届全国人民代表大会选出新的常务委员会为止。

委员长、副委员长连续任职不得超过两届。

第六十七条 全国人民代表大会常务委员会行使下列职权：

（一）解释宪法，监督宪法的实施；

（二）制定和修改除应当由全国人民代表大会制定的法律以外的其他法律；

（三）在全国人民代表大会闭会期间，对全国人民代表大会制定的法律进行部分补充和修改，但是不得同该法律的基本原则相抵触；

（四）解释法律；

（五）在全国人民代表大会闭会期间，审查和批准国民经济和社会发展计划、国家预算在执行过程中所必须作的部分调整方案；

（六）监督国务院、中央军事委员会、国家监察委员会、最高人民法院和最高人民检察院的工作；

（七）撤销国务院制定的同宪法、法律相抵触的行政法规、决定和命令；

（八）撤销省、自治区、直辖市国家权力机关制定的同宪法、法律和行政法规相抵触的地方性法规和决议；

（九）在全国人民代表大会闭会期间，根据国务院总理的提名，决定部长、委员会主任、审计长、秘书长的人选；

（十）在全国人民代表大会闭会期间，根

据中央军事委员会主席的提名,决定中央军事委员会其他组成人员的人选;

(十一)根据国家监察委员会主任的提请,任免国家监察委员会副主任、委员;

(十二)根据最高人民法院院长的提请,任免最高人民法院副院长、审判员、审判委员会委员和军事法院院长;

(十三)根据最高人民检察院检察长的提请,任免最高人民检察院副检察长、检察员、检察委员会委员和军事检察院检察长,并且批准省、自治区、直辖市的人民检察院检察长的任免;

(十四)决定驻外全权代表的任免;

(十五)决定同外国缔结的条约和重要协定的批准和废除;

(十六)规定军人和外交人员的衔级制度和其他专门衔级制度;

(十七)规定和决定授予国家的勋章和荣誉称号;

（十八）决定特赦；

（十九）在全国人民代表大会闭会期间，如果遇到国家遭受武装侵犯或者必须履行国际间共同防止侵略的条约的情况，决定战争状态的宣布；

（二十）决定全国总动员或者局部动员；

（二十一）决定全国或者个别省、自治区、直辖市进入紧急状态；

（二十二）全国人民代表大会授予的其他职权。

第六十八条 全国人民代表大会常务委员会委员长主持全国人民代表大会常务委员会的工作，召集全国人民代表大会常务委员会会议。副委员长、秘书长协助委员长工作。

委员长、副委员长、秘书长组成委员长会议，处理全国人民代表大会常务委员会的重要日常工作。

第六十九条 全国人民代表大会常务委员会对全国人民代表大会负责并报告工作。

第七十条 全国人民代表大会设立民族委员会、宪法和法律委员会、财政经济委员会、教育科学文化卫生委员会、外事委员会、华侨委员会和其他需要设立的专门委员会。在全国人民代表大会闭会期间，各专门委员会受全国人民代表大会常务委员会的领导。

各专门委员会在全国人民代表大会和全国人民代表大会常务委员会领导下，研究、审议和拟订有关议案。

第七十一条 全国人民代表大会和全国人民代表大会常务委员会认为必要的时候，可以组织关于特定问题的调查委员会，并且根据调查委员会的报告，作出相应的决议。

调查委员会进行调查的时候，一切有关的国家机关、社会团体和公民都有义务向它提供必要的材料。

第七十二条 全国人民代表大会代表和全国人民代表大会常务委员会组成人员，有权依照法律规定的程序分别提出属于全国人民代表大会和全国人民代表大会常务委员会职权范围内的议案。

第七十三条 全国人民代表大会代表在全国人民代表大会开会期间，全国人民代表大会常务委员会组成人员在常务委员会开会期间，有权依照法律规定的程序提出对国务院或者国务院各部、各委员会的质询案。受质询的机关必须负责答复。

第七十四条 全国人民代表大会代表，非经全国人民代表大会会议主席团许可，在全国人民代表大会闭会期间非经全国人民代表大会常务委员会许可，不受逮捕或者刑事审判。

第七十五条 全国人民代表大会代表在全国人民代表大会各种会议上的发言和表决，不受法律追究。

第七十六条 全国人民代表大会代表必须模范地遵守宪法和法律，保守国家秘密，并且在自己参加的生产、工作和社会活动中，协助宪法和法律的实施。

全国人民代表大会代表应当同原选举单位和人民保持密切的联系，听取和反映人民的意见和要求，努力为人民服务。

第七十七条 全国人民代表大会代表受原选举单位的监督。原选举单位有权依照法律规定的程序罢免本单位选出的代表。

第七十八条 全国人民代表大会和全国人民代表大会常务委员会的组织和工作程序由法律规定。

第二节 中华人民共和国主席

第七十九条 中华人民共和国主席、副主席由全国人民代表大会选举。

有选举权和被选举权的年满四十五周岁的中华人民共和国公民可以被选为中华人民共和国主席、副主席。

中华人民共和国主席、副主席每届任期同全国人民代表大会每届任期相同。

第八十条 中华人民共和国主席根据全国

人民代表大会的决定和全国人民代表大会常务委员会的决定，公布法律，任免国务院总理、副总理、国务委员、各部部长、各委员会主任、审计长、秘书长，授予国家的勋章和荣誉称号，发布特赦令，宣布进入紧急状态，宣布战争状态，发布动员令。

第八十一条 中华人民共和国主席代表中华人民共和国，进行国事活动，接受外国使节；根据全国人民代表大会常务委员会的决定，派遣和召回驻外全权代表，批准和废除同外国缔结的条约和重要协定。

第八十二条 中华人民共和国副主席协助主席工作。

中华人民共和国副主席受主席的委托，可以代行主席的部分职权。

第八十三条 中华人民共和国主席、副主席行使职权到下届全国人民代表大会选出的主席、副主席就职为止。

第八十四条 中华人民共和国主席缺位的

时候，由副主席继任主席的职位。

中华人民共和国副主席缺位的时候，由全国人民代表大会补选。

中华人民共和国主席、副主席都缺位的时候，由全国人民代表大会补选；在补选以前，由全国人民代表大会常务委员会委员长暂时代理主席职位。

第三节 国 务 院

第八十五条 中华人民共和国国务院，即中央人民政府，是最高国家权力机关的执行机关，是最高国家行政机关。

第八十六条 国务院由下列人员组成：

总理，

副总理若干人，

国务委员若干人，

各部部长，

各委员会主任，

审计长，

秘书长。

国务院实行总理负责制。各部、各委员会实行部长、主任负责制。

国务院的组织由法律规定。

第八十七条 国务院每届任期同全国人民代表大会每届任期相同。

总理、副总理、国务委员连续任职不得超过两届。

第八十八条 总理领导国务院的工作。副总理、国务委员协助总理工作。

总理、副总理、国务委员、秘书长组成国务院常务会议。

总理召集和主持国务院常务会议和国务院全体会议。

第八十九条 国务院行使下列职权：

（一）根据宪法和法律，规定行政措施，制定行政法规，发布决定和命令；

（二）向全国人民代表大会或者全国人民代表大会常务委员会提出议案；

（三）规定各部和各委员会的任务和职责，统一领导各部和各委员会的工作，并且领导不属于各部和各委员会的全国性的行政工作；

（四）统一领导全国地方各级国家行政机关的工作，规定中央和省、自治区、直辖市的国家行政机关的职权的具体划分；

（五）编制和执行国民经济和社会发展计划和国家预算；

（六）领导和管理经济工作和城乡建设、生态文明建设；

（七）领导和管理教育、科学、文化、卫生、体育和计划生育工作；

（八）领导和管理民政、公安、司法行政等工作；

（九）管理对外事务，同外国缔结条约和协定；

（十）领导和管理国防建设事业；

（十一）领导和管理民族事务，保障少数民族的平等权利和民族自治地方的自治权利；

（十二）保护华侨的正当的权利和利益，保护归侨和侨眷的合法的权利和利益；

（十三）改变或者撤销各部、各委员会发布的不适当的命令、指示和规章；

（十四）改变或者撤销地方各级国家行政机关的不适当的决定和命令；

（十五）批准省、自治区、直辖市的区域划分，批准自治州、县、自治县、市的建置和区域划分；

（十六）依照法律规定决定省、自治区、直辖市的范围内部分地区进入紧急状态；

（十七）审定行政机构的编制，依照法律规定任免、培训、考核和奖惩行政人员；

（十八）全国人民代表大会和全国人民代表大会常务委员会授予的其他职权。

第九十条 国务院各部部长、各委员会主任负责本部门的工作；召集和主持部务会议或者委员会会议、委务会议，讨论决定本部门工作的重大问题。

各部、各委员会根据法律和国务院的行政法规、决定、命令，在本部门的权限内，发布命令、指示和规章。

第九十一条 国务院设立审计机关，对国务院各部门和地方各级政府的财政收支，对国家的财政金融机构和企业事业组织的财务收支，进行审计监督。

审计机关在国务院总理领导下，依照法律规定独立行使审计监督权，不受其他行政机关、社会团体和个人的干涉。

第九十二条 国务院对全国人民代表大会负责并报告工作；在全国人民代表大会闭会期间，对全国人民代表大会常务委员会负责并报告工作。

第四节　中央军事委员会

第九十三条 中华人民共和国中央军事委员会领导全国武装力量。

中央军事委员会由下列人员组成：

主席，

副主席若干人，

委员若干人。

中央军事委员会实行主席负责制。

中央军事委员会每届任期同全国人民代表大会每届任期相同。

第九十四条 中央军事委员会主席对全国人民代表大会和全国人民代表大会常务委员会负责。

第五节　地方各级人民代表大会和地方各级人民政府

第九十五条 省、直辖市、县、市、市辖区、乡、民族乡、镇设立人民代表大会和人民政府。

地方各级人民代表大会和地方各级人民政府的组织由法律规定。

自治区、自治州、自治县设立自治机关。自治机关的组织和工作根据宪法第三章第五节、第六节规定的基本原则由法律规定。

第九十六条 地方各级人民代表大会是地方国家权力机关。

县级以上的地方各级人民代表大会设立常务委员会。

第九十七条 省、直辖市、设区的市的人民代表大会代表由下一级的人民代表大会选举；县、不设区的市、市辖区、乡、民族乡、镇的人民代表大会代表由选民直接选举。

地方各级人民代表大会代表名额和代表产生办法由法律规定。

第九十八条 地方各级人民代表大会每届任期五年。

第九十九条 地方各级人民代表大会在本行政区域内，保证宪法、法律、行政法规的遵守和执行；依照法律规定的权限，通过和发布决议，审查和决定地方的经济建设、文化建设和公共事业建设的计划。

县级以上的地方各级人民代表大会审查和

批准本行政区域内的国民经济和社会发展计划、预算以及它们的执行情况的报告;有权改变或者撤销本级人民代表大会常务委员会不适当的决定。

民族乡的人民代表大会可以依照法律规定的权限采取适合民族特点的具体措施。

第一百条 省、直辖市的人民代表大会和它们的常务委员会,在不同宪法、法律、行政法规相抵触的前提下,可以制定地方性法规,报全国人民代表大会常务委员会备案。

设区的市的人民代表大会和它们的常务委员会,在不同宪法、法律、行政法规和本省、自治区的地方性法规相抵触的前提下,可以依照法律规定制定地方性法规,报本省、自治区人民代表大会常务委员会批准后施行。

第一百零一条 地方各级人民代表大会分别选举并且有权罢免本级人民政府的省长和副省长、市长和副市长、县长和副县长、区长和副区长、乡长和副乡长、镇长和副镇长。

县级以上的地方各级人民代表大会选举并且有权罢免本级监察委员会主任、本级人民法院院长和本级人民检察院检察长。选出或者罢免人民检察院检察长，须报上级人民检察院检察长提请该级人民代表大会常务委员会批准。

第一百零二条 省、直辖市、设区的市的人民代表大会代表受原选举单位的监督；县、不设区的市、市辖区、乡、民族乡、镇的人民代表大会代表受选民的监督。

地方各级人民代表大会代表的选举单位和选民有权依照法律规定的程序罢免由他们选出的代表。

第一百零三条 县级以上的地方各级人民代表大会常务委员会由主任、副主任若干人和委员若干人组成，对本级人民代表大会负责并报告工作。

县级以上的地方各级人民代表大会选举并有权罢免本级人民代表大会常务委员会的组成

人员。

县级以上的地方各级人民代表大会常务委员会的组成人员不得担任国家行政机关、监察机关、审判机关和检察机关的职务。

第一百零四条 县级以上的地方各级人民代表大会常务委员会讨论、决定本行政区域内各方面工作的重大事项；监督本级人民政府、监察委员会、人民法院和人民检察院的工作；撤销本级人民政府的不适当的决定和命令；撤销下一级人民代表大会的不适当的决议；依照法律规定的权限决定国家机关工作人员的任免；在本级人民代表大会闭会期间，罢免和补选上一级人民代表大会的个别代表。

第一百零五条 地方各级人民政府是地方各级国家权力机关的执行机关，是地方各级国家行政机关。

地方各级人民政府实行省长、市长、县长、区长、乡长、镇长负责制。

第一百零六条 地方各级人民政府每届任

期同本级人民代表大会每届任期相同。

第一百零七条 县级以上地方各级人民政府依照法律规定的权限，管理本行政区域内的经济、教育、科学、文化、卫生、体育事业、城乡建设事业和财政、民政、公安、民族事务、司法行政、计划生育等行政工作，发布决定和命令，任免、培训、考核和奖惩行政工作人员。

乡、民族乡、镇的人民政府执行本级人民代表大会的决议和上级国家行政机关的决定和命令，管理本行政区域内的行政工作。

省、直辖市的人民政府决定乡、民族乡、镇的建置和区域划分。

第一百零八条 县级以上的地方各级人民政府领导所属各工作部门和下级人民政府的工作，有权改变或者撤销所属各工作部门和下级人民政府的不适当的决定。

第一百零九条 县级以上的地方各级人民政府设立审计机关。地方各级审计机关依照法律规定独立行使审计监督权,对本级人民政府和上一级审计机关负责。

第一百一十条 地方各级人民政府对本级人民代表大会负责并报告工作。县级以上的地方各级人民政府在本级人民代表大会闭会期间,对本级人民代表大会常务委员会负责并报告工作。

地方各级人民政府对上一级国家行政机关负责并报告工作。全国地方各级人民政府都是国务院统一领导下的国家行政机关,都服从国务院。

第一百一十一条 城市和农村按居民居住地区设立的居民委员会或者村民委员会是基层群众性自治组织。居民委员会、村民委员会的主任、副主任和委员由居民选举。居民委员会、村民委员会同基层政权的相互关系由法律规定。

居民委员会、村民委员会设人民调解、治安保卫、公共卫生等委员会,办理本居住地区的公共事务和公益事业，调解民间纠纷，协助维护社会治安，并且向人民政府反映群众的意见、要求和提出建议。

第六节　民族自治地方的自治机关

第一百一十二条　民族自治地方的自治机关是自治区、自治州、自治县的人民代表大会和人民政府。

第一百一十三条　自治区、自治州、自治县的人民代表大会中，除实行区域自治的民族的代表外，其他居住在本行政区域内的民族也应当有适当名额的代表。

自治区、自治州、自治县的人民代表大会常务委员会中应当有实行区域自治的民族的公民担任主任或者副主任。

第一百一十四条　自治区主席、自治州州长、自治县县长由实行区域自治的民族的公民担任。

第一百一十五条　自治区、自治州、自治县的自治机关行使宪法第三章第五节规定的地方国家机关的职权，同时依照宪法、民族区域自治法和其他法律规定的权限行使自治权，根据本地方实际情况贯彻执行国家的法律、政策。

第一百一十六条 民族自治地方的人民代表大会有权依照当地民族的政治、经济和文化的特点，制定自治条例和单行条例。自治区的自治条例和单行条例，报全国人民代表大会常务委员会批准后生效。自治州、自治县的自治条例和单行条例，报省或者自治区的人民代表大会常务委员会批准后生效，并报全国人民代表大会常务委员会备案。

第一百一十七条 民族自治地方的自治机关有管理地方财政的自治权。凡是依照国家财政体制属于民族自治地方的财政收入，都应当由民族自治地方的自治机关自主地安排使用。

第一百一十八条 民族自治地方的自治机关在国家计划的指导下，自主地安排和管理地方性的经济建设事业。

国家在民族自治地方开发资源、建设企业的时候,应当照顾民族自治地方的利益。

第一百一十九条 民族自治地方的自治机关自主地管理本地方的教育、科学、文化、卫生、体育事业,保护和整理民族的文化遗产,发展和繁荣民族文化。

第一百二十条 民族自治地方的自治机关依照国家的军事制度和当地的实际需要,经国务院批准,可以组织本地方维护社会治安的公安部队。

第一百二十一条 民族自治地方的自治机关在执行职务的时候,依照本民族自治地方自治条例的规定,使用当地通用的一种或者几种语言文字。

第一百二十二条 国家从财政、物资、技术等方面帮助各少数民族加速发展经济建设和文化建设事业。

国家帮助民族自治地方从当地民族中大量培养各级干部、各种专业人才和技术工人。

第七节　监察委员会

第一百二十三条　中华人民共和国各级监察委员会是国家的监察机关。

第一百二十四条　中华人民共和国设立国家监察委员会和地方各级监察委员会。

监察委员会由下列人员组成：

主任，

副主任若干人，

委员若干人。

监察委员会主任每届任期同本级人民代表大会每届任期相同。国家监察委员会主任连续任职不得超过两届。

监察委员会的组织和职权由法律规定。

第一百二十五条　中华人民共和国国家监察委员会是最高监察机关。

国家监察委员会领导地方各级监察委员会的工作，上级监察委员会领导下级监察委员会的工作。

第一百二十六条 国家监察委员会对全国人民代表大会和全国人民代表大会常务委员会负责。地方各级监察委员会对产生它的国家权力机关和上一级监察委员会负责。

第一百二十七条 监察委员会依照法律规定独立行使监察权,不受行政机关、社会团体和个人的干涉。

监察机关办理职务违法和职务犯罪案件,应当与审判机关、检察机关、执法部门互相配合,互相制约。

第八节 人民法院和人民检察院

第一百二十八条 中华人民共和国人民法院是国家的审判机关。

第一百二十九条 中华人民共和国设立最高人民法院、地方各级人民法院和军事法院等专门人民法院。

最高人民法院院长每届任期同全国人民代表大会每届任期相同,连续任职不得超过两届。

人民法院的组织由法律规定。

第一百三十条 人民法院审理案件,除法律规定的特别情况外,一律公开进行。被告人有权获得辩护。

第一百三十一条 人民法院依照法律规定独立行使审判权,不受行政机关、社会团体和个人的干涉。

第一百三十二条 最高人民法院是最高审判机关。

最高人民法院监督地方各级人民法院和专门人民法院的审判工作,上级人民法院监督下级人民法院的审判工作。

第一百三十三条 最高人民法院对全国人民代表大会和全国人民代表大会常务委员会负责。地方各级人民法院对产生它的国家权力机关负责。

第一百三十四条 中华人民共和国人民检察院是国家的法律监督机关。

第一百三十五条 中华人民共和国设立最

高人民检察院、地方各级人民检察院和军事检察院等专门人民检察院。

最高人民检察院检察长每届任期同全国人民代表大会每届任期相同,连续任职不得超过两届。

人民检察院的组织由法律规定。

第一百三十六条 人民检察院依照法律规定独立行使检察权,不受行政机关、社会团体和个人的干涉。

第一百三十七条 最高人民检察院是最高检察机关。

最高人民检察院领导地方各级人民检察院和专门人民检察院的工作,上级人民检察院领导下级人民检察院的工作。

第一百三十八条 最高人民检察院对全国人民代表大会和全国人民代表大会常务委员会负责。地方各级人民检察院对产生它的国家权力机关和上级人民检察院负责。

第一百三十九条 各民族公民都有用本民族语言文字进行诉讼的权利。人民法院和人民检察院对于不通晓当地通用的语言文字的诉讼参与人,应当为他们翻译。

在少数民族聚居或者多民族共同居住的地区,应当用当地通用的语言进行审理;起诉书、判决书、布告和其他文书应当根据实际需要使用当地通用的一种或者几种文字。

第一百四十条 人民法院、人民检察院和公安机关办理刑事案件,应当分工负责,互相配合,互相制约,以保证准确有效地执行法律。

第四章 国旗、国歌、国徽、首都

第一百四十一条 中华人民共和国国旗是五星红旗。

中华人民共和国国歌是《义勇军进行曲》。

第一百四十二条 中华人民共和国国徽,中间是五星照耀下的天安门,周围是谷穗和齿轮。

第一百四十三条 中华人民共和国首都是北京。

图书在版编目（CIP）数据

宪法及相关法学习百问百答 / 中国法治出版社编. -- 北京：中国法治出版社，2025.7. --（法律法规学习百问百答系列）. -- ISBN 978-7-5216-5391-5

Ⅰ. D921.05

中国国家版本馆 CIP 数据核字第 2025PW3450 号

责任编辑：秦智贤	封面设计：杨鑫宇

宪法及相关法学习百问百答
XIANFA JI XIANGGUANFA XUEXI BAIWEN BAIDA

经销/新华书店
印刷/保定市中画美凯印刷有限公司
开本/880 毫米×1230 毫米　64 开　　印张/2.75　字数/72 千
版次/2025 年 7 月第 1 版　　　　　　2025 年 7 月第 1 次印刷

中国法治出版社出版

书号 ISBN 978-7-5216-5391-5　　　　　　定价：12.00 元

北京市西城区西便门西里甲 16 号西便门办公区
邮政编码：100053　　　　　　　　　传真：010-63141600
网址：http://www.zgfzs.com　　编辑部电话：**010-63141798**
市场营销部电话：**010-63141612**　　印务部电话：**010-63141606**

（如有印装质量问题，请与本社印务部联系。）

ISBN 978-7-5216-5391-5

定价：12.00元